正面管教魔法书

0~12岁正面管教实践版

【美】艾米·麦克瑞迪◎著　刘海静◎译

THE ME, ME, ME EPIDEMIC

北方妇女儿童出版社
·长春·

图书在版编目（CIP）数据

正面管教魔法书 /（美）艾米 · 麦克瑞迪著；刘海静译 . -- 长春：北方妇女儿童出版社，2019.7
书名原文：THE ME,ME,ME EPIDEMIC
ISBN 978-7-5585-3701-1

Ⅰ . ①正… Ⅱ . ①艾… ②刘… Ⅲ . ①家庭教育 Ⅳ . ① G78

中国版本图书馆 CIP 数据核字 (2019) 第 105024 号

正面管教魔法书
ZHENGMIAN GUANJIAO MOFA SHU

出 版 人　刘　刚
策 划 人　师晓晖
责任编辑　石晓磊
开　　本　710 × 1000　1/16
印　　张　14.5
字　　数　200 千字
版　　次　2019 年 7 月第 1 版
印　　次　2019 年 7 月第 1 次印刷
印　　刷　三河市华成印务有限公司
出　　版　北方妇女儿童出版社
发　　行　北方妇女儿童出版社
地　　址　长春市龙腾国际出版大厦
电　　话　总编办 0431-81629600
发行科 0431-81629633

定　　价　48.00 元

第四章 摆脱过度控制的怪圈

第五章 让孩子为自己的行为负责

第六章 教孩子正视生活的压力

前言

当我们看自己的孩子时，能看到什么？能看到孩子丰富的想象力：他会把你曾祖母留下的精巧灯台当短剑，去击退客厅中的“敌人”。能看到孩子旺盛的精力：为了寻找芭蕾舞鞋上的一个小配饰，她会拽着我们把屋子内外都搜个遍。能看到孩子坚定的决心：他会一连几天缠着我们，求我们出钱让他去外地看一场演唱会。但在这些吵闹、纠缠和争执之外，我们还能看到孩子的潜力。这也是我写这本书的原因。我知道，每个孩子身上都潜藏着非凡的特质，他有意愿也有能力成为一个充满自信的成年人，并把自己的小天地建设得更为美好。

你读这本书的原因跟我写这本书的原因一样，都是发现了这世界上存在着一种不利于孩子们的力量。这种力量不仅会剥夺孩子们丰富的想象力、旺盛的精力和坚定的决心，还会剥夺他们的机会，使他们无法获得丰饶而充实的人生。这种力量就是理所当然的心理，即那种认为世界总亏欠了自己的心理。现在的孩子们，不论处于哪个年龄段，都觉得他们应该不付任何代价就能拥有最好的一切，父母应该对他们百依百顺，还要早早地为他们铺就成功的道路。这些孩子长大后依然维持着这种幼稚的心理状态，只是索取的范围更大了而已。一旦得不到想要的东西（真实的生活往往如此)，他们就会变得无所适从，跟他们打交道极为头疼！

不论你是否正为这种情形烦恼，我都很高兴你能读到这本书。我曾经带领我的两个儿子走出这一泥沼，因此，我对父母们所面临的挑战有切身体会。在帮助孩子克服这一自私心理的过程中，我总结出 32 个经过实践证明有效的方法。如果你能将本书介绍的方法用于孩子的教育，哪怕只是使用其中一小部分，短短几天之后，你就能看到改变：你的孩子逐渐学会为家人做事，学会以尊重的方式解决分歧，学会为自己的行为负责，甚至偶尔会放下手机，不论他处于哪个年龄段。在这一过程中，他的不良行为和自私心理（“我想要什么就能得到什么”）会逐渐消失。

本书介绍的“良好行为养成术”还能引导孩子形成良好的行为习惯(你与孩子因家务和作业而起的争执以及孩子粗俗无礼的态度将成为过去)，培养出负责、坚韧和尊重他人等成人社会必需的品质。当你做到这些的时候，你同时也是在消除将一切视为理所应当的病态现象，为你的家人在这个被自私心理包围的世界中营造一个宁静的角落。

请让孩子去自由创造一个新世界，而不是让他以为会有一队工人赶来把一切都造好；请让孩子承担属于自己的责任，而不是让他每一步都被别人牵着走；请让孩子立志去服务他人，而不是等着被服务。如此一来，我们的孩子才能释放自己的潜力，成为最好的自己。

第一章 “一切为了孩子”正确吗?

理所应当的心理是场瘟疫

想一想，你的家庭中是否存在以下行为：

- 孩子的要求让你烦不胜烦，但你依然顺从他。
- 做家务让你筋疲力尽，但你的孩子在看电视或玩手机，不会帮你。
- 如果你不给孩子买点什么的话，根本别想在商店里迈开脚。
- 你经常给孩子零用钱。
- 有些事你明知道应该让孩子自己做，却还要替他做。
- 为了让孩子配合你，你得给他“贿赂”或奖赏。
- 你得经常把孩子忘带的东西送到学校或提醒他交作业的最后期限。
- 你的孩子在学校或课外活动中，对规矩和要求常常表示不满。
- 你的孩子做错事时，总是指责他人。
- 你的孩子会为了达到自己的目的而操纵他人。
- 当要求得不到满足时，你的孩子就会发脾气。
- 你的孩子总抱怨太无聊，并想让你陪他玩。

- 你的孩子对自己想得到的东西总是急不可耐。

这是理所应当的心理瘟疫在家庭中的表现形式。听起来是不是很熟悉？事实上，任何一个孩子都会时不时地表现出上述的某些症状。

> 那些理所应当心理的受害者所表现的态度是这样的：不论他们想要什么都应该得到，而且应该毫不费力地得到，仅仅因为他们的身份。他们理所当然地认为，自己根本不需要去争取什么。
>
> ——里昂·F. 塞尔泽 哲学博士

但这种心理不是突然产生的。从何时开始，父母不惜一切代价地讨孩子欢心？变着花样做出不同口味的面包，以满足孩子挑剔的胃口；急匆匆地跑到商店里，为孩子买他最喜欢的牙膏；动辄花一大笔钱，把孩子打扮得像个小明星……当父母做这些时，孩子会误认为：他能得到任何自己感兴趣的东西，也能随时把这些东西丢到一边。最后的结果是，父母和孩子都不高兴——父母疲于奔命，而孩子却想要更多的东西，甚至学会利用哭闹、命令和赤裸裸的羞辱来达到目的。从婴儿到少年，不论多大的孩子都一样，都在家中称王称霸，不经过一番争斗，绝不放弃自己的地位。

理所应当的心理不仅是家庭的瘟疫，也会使孩子长大后，在工作、生活和人际关系等方面受到不利影响。他只付出 60 分的努力，就想得到 100 分的成绩。由于缺乏同情心和奉献精神，他的人际关系往往以自我为中心。当他犯错时，会把责任推给天气或无辜的其他人，如“考试太难了”“状态不佳”或“老板不喜欢我”……更有甚者，甩一句“这对我不公平！”就愤然离职，无法正常地工作或生活。

为何孩子总被宠坏?

我们为何会被自认为一切都理所应当的瘟疫包围？在过去，这可是专属于富贵人家的“疾病”。它显然与基因无关——我们小时候每次逛商店时，也不是非得使性子缠着父母为我们买个气球不可；当我们长大成人后，也并不是非得买辆新车不可。是什么原因导致了理所应当的心理在过去三十年里蔓延成灾?

每个人都独一无二

1969 年，纳撒尼尔·布兰登出版了《自尊心理学》一书，掀起了自尊运动的潮流。这本书告诉父母、幼儿看护者乃至整个社会：对单个个体而言，自尊心具有极其重要的意义。并由此引发了一场文化革命。

每个孩子都开始坚信自己独一无二。不只是优胜者，每个参赛者都能在比赛中获得奖项。(不是重在参与吗？）不管孩子做什么，都能得到大人毫不吝惜的赞美，于是，当他完成一项必须完成的任务时，也会自然而然地要求赞美或奖赏，甚至当他长大成人后依然如此。

现在的年轻人哪怕只是简单地换了套商务套装，也需要别人点赞。雇主们想方设法激励自己的雇员，因为他们频繁地需要来自雇主的反馈和关注，以确认自己的工作干得还不错。

不用说，这种对待孩子的方式有其积极的一面。例如，现在没有哪个老师会用尺子打孩子的手心了。但事实上，“每个人都独一无二”的观念弊大于利，而且这种弊端是持久的。来自圣地亚哥州立大学的心理学家、教授基恩·M. 托尔池指出，与过去相比，现在的青少年更加以自我为中心。她发现，现在的大学生比1979年的大学生在自恋人格量化表上的得分更高，认为自己的各项条件都高于平均水平的大学生人数也比那时更多，而且这些大学生比以前更缺乏职业操守。这些变化甚至也体现在他们的写作风格上：第一人称（我/我的）出现得比以前更为频繁，这无疑是“我一代”的清晰例证。

过度养育的问题

在自尊观念深入人心的时代成长起来的一代人，促进了以孩子为中心的家庭的兴起——孩子的足球训练、芭蕾舞课和家长联谊会有史以来第一次在父母的日程表上占据了比园艺俱乐部和棒球比赛更靠前的位置。

家长参与孩子的生活难道不是一件美好的事吗？如果家长不犯过度养育的错误，这的确是件美好的事。但家长都想把最好的东西给孩子，也会尽自己所能给孩子最好的东西，这是父母的天性。问题在于，在我们把一切都放在银盘里端给孩子的同时，我们却助长了孩子将一切视为理所应当的心理，这无疑是一种失策。

例如，很多父母都不遗余力地为孩子清除所有常见障碍。这些家长不仅积极参与孩子的生活，还尽力确保孩子不会遭遇任何挫折。他们试图为孩子铺就一条通向成年生活的康庄大道。而受到家长过度关爱的孩子很快就会相信，自己做什么都应该一帆风顺，如果不是，那肯定是别人有问题。活在这样的肥皂泡当中固然惬意，可惜肥皂泡无法持久。

纵容孩子的另一种方式是从不对他说“不”。作为家长，我们都更愿意对孩子说“是”，而不是拒绝孩子；我们更愿意看到孩子快乐的笑脸，而不是孩子的尖叫哭闹。但事实上，我们往往是因为胆怯才不敢对孩子说“不”。这样一来，我们便会沦为孩子的专属仆人，因为这比拒绝孩子更容易。我们的孩子慢慢会习惯性地认为自己的所有要求都应该得到满足，如果得不到，就会大发脾气。这种恶性循环就这样逐渐变得无法控制。

此外还有对孩子过度赞美的问题。在银行排队时，只要孩子能待够三分钟，就会给他一个小玩具作为奖励；只要孩子能不吵不闹地做作业，就能得到我们的夸奖；当他取得好成绩时，我们会给他钱……当孩子做规定的任务时，我们时不时地会用“太棒了”“你真可爱”“你好聪明”这类的话使他感觉良好。孩子从小就听惯了我们的表扬，哪怕他实际上做得并不出色。长大后，如果缺乏奖赏，他将很难展现出良好的行为、认真的职业操守和助人为乐的精神。

社交媒体的反社会性

21 世纪为我们带来了社交网络，社交媒体已成为孩子无限制地满足自己的虚荣心的手段——似乎他对自我形象的痴迷还不够！上传照片，频繁地发朋友圈——无论是自己早餐吃了什么，还是对家人的复杂情感都要晒到网上。这类行为进一步增强了“世界绕着我转”和“及时享受”的心理。既然社交媒体上的所有朋友都赞同他的想法，那么他当然不会以另外的视角看待世界，更不会重视努力工作和负责任的意义。

让我们面对这一现实——我们大人常常无法为孩子做出良好的榜样。当我们像 15 岁的孩子一样兴冲冲地晒照片时，当我们在饭桌旁玩手机时，我们等于是一边告诉孩子“世界绕着我转”，一边又试着改变他的这种心理。当我们在社交媒体上与别人互动时，我们发出的信息最终传给了自己的孩子，这信息就是：虚拟世界对我们的家庭有最终主宰权。

这样一来，我们的职业操守、人际关系和自我形象都会遭到严重破坏。孩子不仅能处处看到网络红人的影子，还会以社交媒体为标准来衡量自己。与社交媒体上炫富的人一比较，哪个孩子都会觉得自己应该拥有世界上最好的东西！

获得归属感和地位感的心理需求

要使本书介绍的方法发挥出应有的效果，满足孩子的归属感和地位感这两大心理需求至关重要，甚至不低于清洁的水和安定的住所。与将一切视为理所应当的心理不同，这两大心理需求是孩子从一出生就存在的。

一百年前，很多孩子在工厂或农场做工，大人们对待他们也不怎么尊重。但这一切都因心理学家阿德勒而发生了改变。阿德勒认为，所有人都应该得到尊重，儿童也不例外。作为社会生物，儿童会对外在评价和行为做出相应的反应。这一观念连同尊重的观念一起构成了阿德勒著作的主要基础。

阿德勒关于儿童心理需求的总结

儿童首要的目标是获得归属感和地位感

如果孩子能感觉到与家人之间的情感联系，就能获得归属感。这样一来，他才懂得自己在家中的地位并适应家庭环境。当他认识到自己能为家庭做出贡献，并具有一定的个人力量（即对与自己有关的事件有一定的影响力和控制力）时，就会获得一定的地位感。事实上，每个人都有对权力的基本需求，如果我们通过正面的方式无法获得权力，就会诉诸负面的手段。

所有的行为都根植于特定的目标

当孩子耍性子时，他不仅仅是在为了一个棒棒糖（或出去玩）而发脾气。事实上他是为了争取归属感或地位感而努力，尽管他自己意识不到这一点。如果他通过正面手段无法获得这些，就会转而采取负面的手段。孩子的不良行为往往是更深层的问题的反映，我们可以通过根治这些深层问题消除很多不良行为。

行为有偏差的孩子往往是受挫的孩子

从孩子的不良行为中我们能获知很多信息。从潜意识的角度讲，孩子的哭闹事实上是在恳求我们“请关爱我，我需要归属感”，孩子耍性子、发脾气的意思则是“我觉得自己无能为力，需要你的帮助”。孩子的不良行为并不是有意做出来的，他只是觉得这是满足自己心理需求的唯一替代方法，哪怕由此而获得的归属感和地位感事实上是负面的。

理解孩子对归属感和地位感的心理需求，对纠正孩子将一切视为理所应当的心理非常重要。概括而言：

1. 孩子对归属感和地位感的需求，只能积极地引导。我知道我该选择什么，全世界数以万计的父母在看到我的方法所带来的效果后，也都认同我的选择。

2. 归属感来自生命中重要的人的积极关注。有了这种关注，孩子才能从情感上与你亲近，才能对自己在家庭中的地位感到自信。如果缺乏这种关注，孩子就会以哭闹、焦躁的行为、唠叨或纠缠来获得自己想要的关注和归属感。地位感来自他对自己的能力及贡献的确认。如果他不相信自己具有这种能力，就会为你所做的每一个决定与你争吵，当他不快乐时，就会使性子、发脾气，只因这能让他觉得可以在一定程度上影响你。

3. 你不能一劳永逸地满足孩子对归属感和地位感的需求，你需要不断地满足他的这些需求——低龄的孩子对归属感和地位感的需求尤其强烈。

记住，孩子并不知道自己的不良行为与对归属感和地位感的追求之间的联系，甚至根本不知道这些心理需求的存在，因此，能否以积极的方式满足孩子的心理需求，防止他出现偏差行为，全在于父母如何行动。

还有哪些东西是你的孩子本应得到的？当他擦伤膝盖时，给他贴一张创可贴，但上面不一定非得印有巴斯光年的图案；当她口渴时，及时为她补充水分，但不必是餐厅里冒着凉气的彩虹冰沙，白开水就行；睡觉前为孩子讲讲故事，但用不着讲上十几个故事，外加歌舞表演。本书无法一一列出哪些行为合适、哪些行为不合适，但我会帮助你为家人划定合理的界限，并避免被孩子操纵。

行得通的惩戒手段

本书旨在帮你设法摆脱孩子自以为是的心理，而不是教你用惩戒或欺骗手段来纠正孩子的行为。很可能你已经试过这些手段了，并且发现它们并不奏效。让我们来看一个经典案例：

艾丽放学后，妈妈来学校接她回家。离家不远了，妈妈决定先在一家快餐店吃晚餐，再往家赶。在妈妈埋头吃三明治时，5 岁的艾丽惹了一连串的麻烦。她每隔 10 秒钟就来缠着妈妈。她引吭高歌，声音大到足以让店里的所有人都听到。她对妈妈说："你的三明治好臭，像是从厕所里捞出来的。"似乎这一切还不够，她还想要一个冰激凌，而且态度十分傲慢。妈妈很纳闷儿她是从哪儿学到"史上最差劲的母亲"这句话的。当妈妈拒绝给她买冰激凌后，她便开始在大庭广众下这么称呼妈妈，最后竟号啕大哭。她显然很有表演天赋，但妈妈更希望她在自己的戏剧课上展现这种天赋，而不是在快餐店里表演悲剧。

妈妈想赶快离开，于是塞给她 3 美元，但后来加到了 3.5 美元，她依然没挪动一下。妈妈威胁说她这周不能看电视，她还是不为所动。现在，就连店员都忍不住想看看这位"史上最差劲的母亲"要如何收拾女儿了。妈妈这才意识到自己失去了耐心，但毫无办法，只想尽快结束这一切赶快回家，于是屈服了。妈妈灰溜溜地走出快餐店，手中拿着给她买的冰激凌，感觉全身无力。

妈妈纳闷儿：这究竟是怎么了？心爱的女儿为什么总在最糟糕的时间发作？她为什么不肯听自己说话？

这不全是艾丽的错，也不全是她妈妈的错。事实上，真正的问题在于，惩罚孩子的手段失去了效力。“限时完成任务”“倒数三二一”等惩罚方式虽然可能一次两次有效，但它们早已失去了原来的威力。不仅如此，二十年前，父母严厉地瞪你一眼都能让你战战兢兢，但近年来社会已经发生了巨大的变化，不管是大人还是孩子，都不再盲目服从命令了。

抛开过时的育儿技巧不说，在前面的故事中，很可能在学校度过了漫长的一天，再加上匆匆赶路的疲惫，艾丽的归属感和地位感都处于一天中的低谷。这不是在为坏行为找借口，但必须承认，没有谁在柜台前排了很久的队之后还能保持风度。

这并不意味着我们可以任由孩子作践我们（很多自以为一切都理所应当的孩子就是这么做的），而是说我们必须改变育儿策略，而这也正是本书的主旨。

在艾丽的故事中，除了她的恶劣行为，我们还能发现某些真正能体现她理所应当心理的行为。她认为自己理应受到关注，理应得到冰激凌。事实上，不经过一场足以让妈妈抓狂的争吵，她是不会放弃的。很可能这种方法曾让艾丽屡屡得手，她很清楚妈妈的容忍度。妈妈可能对她采取过一定的惩罚措施——用过“限时完成任务”或“倒数三二一”的方法，但这些方法有一个致命的缺陷，就是治标不治本。艾丽什么也没学到，却多半都能获得自己想要的东西。

如果艾丽的妈妈立场坚定，并严厉惩戒艾丽的恶劣行为，就等于无意中加深了问题的严重性。惩罚只会让孩子去想方设法报复父母，丝毫无助于改善他的行为。不仅如此，惩罚只能靠恐惧去逼迫孩子配合父母，而无法教会孩子任何东西，他唯一能学到的就是下次别让父母逮住。

如果我们采取积极的策略、善用因果法则，不仅能充分满足孩子对归属感和地位感的需求，预防他的坏行为，还能与孩子建立良好的关系，帮他理解该如何做才能更快乐。这样一来，我们的收获将是惊人的：孩子将会主动寻求更好的行为。

我反复提及的正面管教的方法和手段，称为“良好行为养成术”，是我根据阿德勒归纳的基本心理原则、医学博士鲁道夫·德瑞克斯的著作(他进一步发展了阿德勒的育儿原则)、教育学博士 D. H. 史蒂芬·格伦具有开创性的训导术以及相关著作总结出的一整套育儿方法。格伦是青少年素质发展课程的创办人，本书中的一些方法受到了他的直接启发。

“良好行为养成术”所提供的方法能在日常生活中充分满足孩子的心理需求，并能有效预防孩子的不良举止及由理所应当的自私心理所引发的恶劣行为。书中还会为你提供相应的话术和将这些方法用于实践时的技巧。不论你的孩子将一切视作理所应当的心理是重还是轻，借助本书提供的方法，你很快就能让孩子获得更强的独立性、责任感和知足心。

第二章 不能向孩子屈服

引子

父母为何会向孩子屈服？

请回想一下你的孩子尚在襁褓中的情景。回想他可爱的小外套，回想他每时每刻都在长高的个头，回想他哭得发紫的小脸（毕竟孩子并不总是那么可爱，对吧？）。不管你的育儿风格是什么，你的大部分时间都花在满足孩子的各种需要和愿望上，以免孩子哭得小脸发紫。

从孩子出生起，我们就极其不愿意让孩子失望，不仅如此，我们满足孩子的能力也是史无前例的——没有什么能阻止我们给孩子买东西。毕竟，孩子的要求并非全都不合理。在过去，由于经济、时间或市场等限制条件，父母根本不可能满足孩子的所有要求。今天的孩子已经习惯于想要什么就能得到什么，而且立刻就能得到。这难道不是件很可怕的事吗？

当我们无法为孩子提供他最想要的东西时，往往会给他一点别的东西作安慰——父母在这一方面已经走向极端了。对年幼的孩子，我们会说："虽然你没能爬到沙发上，但你还是能得到一块饼干作为奖励。"久而久之，孩子将无法正视生活中艰难的一面（自己确实爬不到沙发上）。

这并不是说我们得多拒绝孩子几次才行。只要结果有助于帮助孩子形成良好的行为，我们就不妨肯定他。“如果你喜欢攀爬，下次我们可以去公园里练一下！”这样不但能让孩子学着接受现状，也能教他尝试以积极而独特的方式实现目标。

贪图快捷方便是我们向孩子屈服的另一个主要因素。有多少次，我们因为急着看足球比赛、办事、赶公交车或者只因我们是在公共场合，就选择了屈从于孩子？又有多少次，因为不想让孩子受批评，我们急匆匆地赶到学校将他忘在家里的作业本、运动鞋或文具送给他？这些现实压力往往成为我们育儿的障碍。我们都是忙碌的父母，却又都想着为孩子提供最好的东西。

有时，我们觉得需要弥补自己在教育孩子方面的失败。举例来说，当我们因加班而无法陪孩子时，当我们接连一周都得深夜才能回家时，我们可能也会想要补偿孩子。事实上，屈从于孩子的要求只能暂时抚平我们内心的不安全感。对孩子而言，一段父母加班的日子并非不可忍受。仅仅因为事情不如孩子的意，就应该补偿他，这样做恰恰是有害的。你可以周末多花点时间陪陪孩子，不一定非得满足他额外的（通常也是心血来潮的）所有要求才行。

当然，最直接的原因就是孩子的小脾气往往会把我们的一整天都破坏掉。为了我们自己，为了孩子，为了能听到孩子哭闹的所有人，我们想赶快摆脱孩子，像逃离瘟疫一样。

良好行为养成术 01：身心灵时间

前文中艾丽的故事，在现实生活中时有发生，相信你也碰到过类似 的情况。如果你的孩子也像艾丽一样，你该如何改掉他的这种不良行为？

这就要用到“身心灵时间”，它是我个人最喜欢方法，也是最有效的方法。这一方法能极大地满足孩子对归属感和地位感的心理需求，并增进你与孩子之间的亲密关系。一旦你坚持使用这一方法，你就会发现孩子身上的不良行为，例如哭闹、装无助、耍性子、跟父母吵架、不按时睡觉等将渐渐消失。

你或许也注意到了，你的孩子觉得你作为他的家长，对他的任何不高兴都应该给予充分的关注，哪怕你正在打电话、修剪草坪、舒舒服服地洗澡或正要进入梦乡……如果你不关注他，他就会想办法吸引你的注意。经常有家长对我说，无论他给予孩子多少关注，孩子似乎都觉得不够。

“身心灵时间”会通过预先给予孩子充分的关注来防止孩子形成这种错误的观念，这样一来，他就会知道他应该等到合适的时间再寻求你的关注，他就不会再因为自己的心理需求得不到满足而去采取错误的行为方式。

实践篇

在具体实施“身心灵时间”的方法时，父母双方都应每隔一两天就留出 10 分钟的时间与孩子单独相处。在这 10 分钟里，父母要把其他的事情都放在一边，将意念集中于自己的身、心、灵，和孩子一起做他喜欢做的事。你可以帮 12 岁的女儿涂指甲油，也可以把自己扮成一架“飞机”，驮着 4 岁的儿子到处“飞翔”。只要孩子想做的事是合理的，你就陪他玩上 10 分钟。

这一方法不仅能增强孩子的归属感，同样也能提升他的地位感和自信心。因为孩子做什么，或想让你陪他做什么，都由他自己决定。如果你每天都能花点时间维持与孩子的情感联系，参与他的世界，孩子与你的沟通将更为顺畅。如果你肯花点时间听听孩子喜欢的音乐，玩玩他喜欢的游戏，就算你的孩子正处于青春叛逆期，他也愿意向你敞开心扉，而这无疑有助于在父母和孩子之间建立起持续一生的情感联系。

重要的是，如果能给孩子应得的东西——无条件的爱、一些专注的陪伴和关注，当你拒绝给他自认为应得的东西时才更有底气。

但很多家长依然会想 :“我每天已经够忙的了，哪里还抽得出时间陪孩子 10 分钟？”别担心，这一方法事实上能为你节省时间。当你使用“身心灵时间”的方法时，你在处理孩子的不良行为方面所花的时间将越来越少，孩子也将更愿意完成你交给他的家庭任务。这样一来，你将获得比以前更多的时间，并从育儿中享受到比以前更多的快乐。

当然，“身心灵时间”并不是万能的，但它创造的奇迹已经被全球各地的不同家庭证实。如果你怀疑这一方法究竟能为孩子带来多大的改变，那我需要你停止怀疑，相信我一次。很多坚持使用这一方法的家长都说它是“神奇子弹”或“具有颠覆性的力量”。它真的有效，前提是你愿意采纳它。请接着读下面列出的“技巧与指南”，并享受这一方法带给你的巨大成功。

技巧与指南

- 每日抽出 10~15 分钟时间，全身心投入地与你的孩子单独相处。
- 对年龄较小的孩子，如果你能每天安排两次“身心灵时间”，效果会更好，因为他需要得到更多来自父母的定期关注。
- 排除手机、电视和电脑等一切干扰。
- 给你的“身心灵时间”取一个名字。什么名字都行，重点是将它与你的家庭联系起来，例如“和爸爸的独处时光”“欢聚时刻”。重点是，在这段时间里，一定要将精神集中于身、心、灵这三个方面。
- 发挥创意。“身心灵时间”不一定非在家中开展才行。外出旅行时，在车中的时间也可以是“身心灵时间”。或者，你可以简单地放下手机，听孩子讲讲他一天的活动；当他为即将举行的越野赛跑而训练时，陪他慢跑一段；当他洗澡时，陪他一块嬉戏；早上叫醒他时，做一个抢枕头游戏；临睡前，抽出一点时间陪他读书。

- 开始实施这一方法后，一定要确保在10分钟之内完成一项活动或到达某个节点。如果你的时间比较充裕，很好！但如果孩子坚持完整地玩一遍《妙探寻凶》游戏，或用乐高玩具搭建一座城堡才肯放你走，反而会促使他形成新的理所应当心理。
- 如果你发现孩子没法专心地参与某种活动，请跟他一起列一些10分钟内能完成的其他活动，并将活动清单贴在冰箱上。
- 务必告诉孩子，你很享受与他一起度过的“身心灵时间”。当活动结束时，对孩子说：“跟你一块玩真开心！明天我们还会画更多恐龙，我简直等不及了！”这会让孩子明白，你已经给了他所需要的关注和地位，也很享受与他一起度过的时光。
- 如果孩子的年龄较小，你可以使用计时器来提醒他活动时间已结束。如果孩子有抗拒的表现，可以事先想好一个稍后可以让他继续进行的活动。

> 在我们日程满满、忙忙碌碌、被媒体包围的生活中，愿意花时间真正了解一个人是爱的终极表现。
>
> ——瑞秋·玛茜·斯坦福，《妈妈有空》作者

Q&A 我总是抽不出时间怎么办?

一开始挤出时间陪孩子确实有点难，但你很快会明白，你付出的努力是值得的。从不是很重要的事务上节省时间——稍等一会儿再去洗衣服、发邮件，或少花点时间在社交网络上。把陪伴孩子当成固定习惯，以免自己拖延。更好的办法是把“身心灵时间”做成日程表并贴在冰箱上，这样大家都能看到。把“身心灵时间”当成没有更改余地的事项。如果你真的有事不得不推迟它，应该事先告知孩子并重新安排日期。

Q&A 与家中的某个孩子单独相处时，孩子的兄弟姐妹总想加入进来，或者总会弄出一些事端打断我们，怎么办?

不论你的孩子真的喜欢集体相处，还是他们只想获得你的额外关注，你都需要记住，在“身心灵时间”中，与每个孩子单独相处至关重要。孩子需要和平相处的时间，也需要自由做自己的时间。

虽然你应该限制孩子看电视，但当你实施“身心灵时间”的方法时，或许你可以让年龄较小的孩子看适合他的电视节目，同时等着参加“身心灵时间”的活动。让“身心灵时间”成为家庭中的固定活动同样有帮助——孩子们一旦适应了规则，就会遵守。

为了将干扰降到最低，你可以跟家中所有的孩子一起事先制定一套“身心灵时间”守则。例如，除非发生了真正紧急的事件，否则不可以在“身心灵时间”内去打扰兄弟姐妹（鼻子流血算得上紧急事件，但上周在艺术课上制作的布偶找不到了就算不上）。如果谁干扰了兄弟姐妹的“身心灵时间”，就要从自己的时间里扣掉一部分，这样他下次再想打扰别人时就会有所收敛。千万不要把剥夺孩子们的“身心灵时间”作为一种惩罚手段，否则他们因自己对归属感和地位感的心理需求未得到满足而采取的负面行为就会升级。

要注意的是，如果一个孩子频繁地干扰别人，背后可能有一些别的原因，这时你需要采取另外的方法来处理。比如把他安排在客厅里，并交给他一沓纸，让他把想对你说的话写下来或画下来。

Q&A 我的孩子把“身心灵时间”都浪费在决定该干什么上，怎么解决这个问题?

坐下来，跟孩子一起列一个“10分钟活动清单”。当你需要的时候，就把这份清单拿出来看看。如果你的孩子始终拿不定主意该做什么，你可以结合孩子日常的游戏或工作内容，预先确定一个活动。可以对孩子说：“你建的火车道真棒，今天的‘身心灵时间’我们就玩这个游戏好吗？”孩子有权改变主意，但至少你得知道该从哪里开始。

良好行为养成术 02：忽略不必要的关注

当我们正在打电话、忙着工作、做饭，甚至正在上卫生间的时候，孩子会频频来打扰我们，非要告诉我们他刚才看见了什么，或者让我们陪他玩。如果我们没有及时关注他的需求，他就会哭闹、装无助或无休止地纠缠我们，直到我们为此抓狂。

在正常的时候，我们会与自己的孩子交流，倾听他的需要，尽力帮助他学习新事物，并给予他必要的归属感。但有时候，孩子意识不到：虽然他是我们生命中非常重要的部分，却不是我们生命中的唯一。

身为父母，我们希望满足孩子的需要，但同样希望他能学会独立。我们必须采取措施解决孩子的哭闹问题，而且得尽快！这也正是“忽略不必要的关注”的意义。这个方法听起来简单，但它能有效地让孩子懂得，他并没有天然的权利得到我们的全部关注，并能使我们免于抓狂。

实践篇

第一步，确保孩子的心理需求通过“身心灵时间”的方法得到满足。这样他身上的良好行为将显著增加，为寻求家长的关注而采取的不良行为将显著减少。如果你能以积极的方式给予孩子充分的关注，他在暂时没有得到大人关注的时候，也能保持良好的行为。更重要的是，如果你在运用这一方法时不与“身心灵时间”配合使用，孩子可能会形成新的不良行为，因为他需要设法抓住你的注意力，哪怕是采用消极的方式。

第二步，务必要帮孩子形成你所期望的行为模式。你可以明确地告诉孩子："当我打电话或与别人讲话的时候，你不能来打扰我。即便你打扰我，我也不会理你。等我放下电话了，才会认真地听你说。"或者："别想着再靠哭闹来吸引我的注意，如果你能用正常的语调跟我说话，我倒是很愿意跟你聊一聊。"

为了教孩子明白哭闹音调与正常音调的不同，请最大限度地发挥你的语言能力，并利用布偶让你的孩子辨别哭闹音调与正常音调的不同。

第三步，利用一些非语言信号来提醒他。这既帮助他更好地适应新方法，也能避免你因为他的消极行为分散注意力。与孩子提前约定好手势的意义，如"懒得理你"，是用手堵耳朵。这样一来，当你使用这些手势时，他立刻就能明白你的意思。

当你再打电话时，若你的孩子很想吸引你的注意力，只需简单地向孩子做出相应的手势，然后直接走进别的房间。当他渐渐熟悉这种方式之后，你就无须再做手势，直接离开现场即可。

你的孩子也许会感到沮丧——别管他。在这种情况下，你不需要与他沟通，因为你已经事先警告过他，而他在"身心灵时间"中也得到了充分的关注。

技巧与指南

- 就连“还记得我以前说过……”这样的话都显得多余。当你的孩子适应了新方法之后，你的任何回应对他而言都意味着一种关注。这等于是鼓励他将来继续使用哭闹或干扰等消极方式来获得你的注意。
- 对于在使用新方法后孩子的头几次哭闹或打扰，你需要向他重复几次新方法的规则。帮助孩子练习正确的行为（等你结束与别人的谈话后再来找你，用正常的语调说话等）。
- 对于年龄较小的孩子而言，你与其他人的聊天虽然只有 20 分钟，在他听来却无限漫长。你 5 岁的孩子可能已经迫不及待地想跟你说话了，然而他依然耐心地等在那里。遇到这种情况，你可以暂停一下，看孩子需要什么。但对青少年，则可以多让他等一会儿。
- 给孩子一个好用的笔记本，让他把自己想对你说的话写在或画在上面，以帮助他记忆。你还可以借此机会查看一下孩子是否记住什么是紧急事件。
- 教孩子区别发生哪些事可以来打扰你（例如，你家的狗呕吐了），又该如何礼貌地向你汇报（“抱歉，但是小狗吐在新买的靠垫上了”）。为了确保孩子已经理解了你说的话，记得分角色练习一遍。
- 若你很难判断孩子的要求是合理还是过分，你可以如此来检验：如果孩子的要求让你很烦恼、让你疲惫不堪、让你感到难以忍受，那么你的孩子所提的要求很可能只是源于他理所应当的心理。
- 尊重孩子的谈话和活动。当他正在客厅里津津有味地用毛毯盖城堡的时候，不要为了让他帮你拿点东西就去打断他。如果全家人都能注意不要随意打扰别人，也懂得被别人打扰是件很不愉快的事，那么你的努力就更容易成功。同样，你也需要注意自己的语调。和孩子一样，大人也会无理取闹。当然，你也完全有能力为孩子树立更值得敬重的榜样。

Q&A 当我使用这一方法时，我的孩子却缠着我，不停地哭闹、喊叫，我该怎么办？

遇到这种情况，首先你要了解孩子的基本需求是否已得到满足——没有挨饿或劳累。如果孩子大声地、持续地哭闹，你可以采用“卫生间战术”，即躲到卫生间去，并且对他说：“我现在要去卫生间。等你冷静下来，能以尊重的方式跟我说话时，我才会出来。”你只需要这么做一两次，孩子就能明白怎么回事。

Q&A 如果我不及时给他一定的关注，我的孩子会对我出言不逊，或用更多的不良行为给我压力，我该怎么办？

别理他！走到屋子里的其他地方去。如果你对孩子指责你“头脑糊涂”或“我讨厌你”之类的话做出回应，我敢肯定，下次你还会听到同样的话。但如果你的孩子采取了某些颇有破坏性的行为，你还是应当出面制止他。只是尽量少开口，因为你的任何话都只会强化他的负面行为。

如何克服向孩子屈服的心理呢？

孩子若在公共场合哭闹，家长就会不自觉地向孩子屈服，这会助长孩子理所应当的心理。接下来为你提供一些具体措施，帮助你克服向孩子屈服的心理。

小处着手

首先，你需要找出在哪些事情上向孩子屈服最让你有压力。例如，你的孩子是否会霸占你的 iPad？

制定规矩

告诉孩子新要求。比如“你每天只能用我的 iPad 玩 15 分钟”。

坚持原则

当你制定了规则之后，就要严格执行，只有遇到十分特殊的情况时才能有所妥协。例如，只有你女儿生病时，你才能允许她额外多看一会儿电视。你不能因为她哭闹的声音大一点，或你有很多事要忙，就允许她无节制地看电视。

当你成功地在某件事上不再屈从于孩子的意志时，再选择一件你容易屈服的事。不要想着能一劳永逸地解决所有问题，否则你只能让自己和孩子都失望。

接受失望

生活充满意外，境遇会改变，这其实也没什么。举例来说，最近三年每到夏天你都带家人去水上乐园度假，但今年你手头比较紧张，负担不起度假的费用了。遇到这种情况，你无须因担心他们失望而动用老本（也许他们一点也不失望）。你的孩子能够忍受这种变化，甚至能从这次经历中有所收获。

坦诚相待

你也许不会让孩子陪你一块费时费力地把家庭预算的所有细节都看一遍，但把家庭的财务状况预先讲给孩子听却是个不错的做法。你可以对孩子说："抱歉，今年我们家的经济状况不太好，我们去不成水上乐园度假了。"

调动孩子的积极性

有时，你可以把不利的处境转化为解决问题的良机，并让你的孩子成为这一过程的有机组成部分。例如，你可以说："去不成水上乐园度假，我们大家都很失望。但也许我们可以想办法攒一点钱，明年夏天再去度假。你有什么主意吗？"孩子也许会为自己能提出一点建议而感到欢呼雀跃，这样一来，他就会主动做些事，而不是一味反驳你。

树立榜样

在抱怨、无理取闹、讨价还价、闹情绪等方面，父母也可能成为孩子的坏榜样。你做出这些行为的时候，或许自己根本没留意到。有时，一点讨价还价也是必要的——哪怕你的孩子听到也无妨，只要你是尊重对方的，讲话的方式合乎逻辑。但你越能注意自己的沟通方式，孩子就越能注意他的沟通方式。没有哪个父母是完美的，身教胜于言教。

良好行为养成术 03：驶出飓风区

没有什么比与孩子的激烈争执更让人烦恼的了。看似简单的分歧（“不行，你不能养宠物蛇。”）很快就会升级为争吵（“但杰克逊有一条，你什么都不让我养！”）。不论谁对谁错，不论谁赢谁输，最终的结果只能是，双方对自己、对这段关系都很沮丧。

你无法改变孩子的情绪和脾气，对此你该怎么办？

认识孩子的脾气

孩子身上有两种脾气：渐渐积累的脾气和由理所应当的心理引发的脾气。

渐渐积累的脾气

当你带着年幼的孩子，不停地奔波于一个又一个地方，而你的孩子已经迫不及待地想回到家里玩玩具火车了。于是他开始哭闹，在他闹得不可开交的时候，你无奈地掏出一包零食安抚他。最后，你总算把当天重要的事办完了。但这时你的孩子又死死地盯上了棉花糖，非要买下来不可。遭到拒绝后，他开始在地上打滚哭闹。而你看起来（自己也这么觉得）就像是地球上最差劲的父母。

你的孩子不可能告诉你：“这已经超过我的忍耐极限了。我不知该如何应对。”没错，他的行为的确让人恼火，周围的人可能会好奇于你的孩子究竟撞了什么邪，竟要哭闹到这种地步。但事实上，他已经忍耐好一阵子了。他的基本需求（午睡？喜欢的零食？归属感和地位感？）没有得到满足，他有自己的底线，当超过他的忍耐限度时，他就爆发了。

要应对孩子渐渐积累的脾气，最佳的办法就是尽量让孩子舒适一些（但不要向孩子屈服），并及时调整你要办理事情的次序。这里的要点在于，一方面要满足孩子的需求，另一方面帮助他养成良好的行为习惯。你自己也需要从这样的经验中学习，并在将来做出适当的调整。如果你的孩子一周总要发那么几次脾气，你可能需要对自己的生活模式做出一些重大调整。总之，要尽力满足孩子的需求，并让他们养成良好的行为习惯。

由理所应当的心理引发的脾气

孩子因理所应当的心理发脾气时，往往觉得别人“亏欠”他某些东西。总之，他认为自己的需求大过一切，完全不顾及别人的感受或现场情况（例如可能会为父母带来不便）。这种坏脾气的核心是孩子想要得到特别对待，也就是想毫不费力也无须经过任何等待就得到某些物品或特权。

我们都有过这样的经历：当孩子快要发脾气时，为了阻止他“爆发”，我们什么都肯做。但就算是最爱发脾气的孩子也并非不可救药。根据儿童心理学家德瑞克斯的看法，这时最聪明的做法是，赶快到更安全的区域，也就是离开孩子的视线。你的孩子固然想得到自己期望的东西，但同样想得到你的关注。假如你在他能否养宠物蛇的问题上与其激烈争执，他就不仅成功获得了你的全部关注，有时甚至还能得到自己想要的东西。而如果你根本不去关注他（更不用说向他屈服），你就等于向他发出了这样的信息：你无意争吵，但你也不会改变自己的主意。几个回合之后，孩子就会明白你的意思。很快，他的争执对你将失去力量，在争执升级到“严重”级别之前，你就能阻止它。

实践篇

具体做法是，在双方都还处于冷静状态时（即风暴尚未形成时），你就应该警告你的孩子：“我不想跟你争吵，我也不会改变自己的主意。如果你跟我讲话不能尊重一点，我会立刻离开房间。等你冷静下来并能以尊重的方式跟我对话时，我才会跟你交流。”下次，等冲突升级时（这样的时刻对你并不陌生，因为这时你会感觉到自己已经被孩子激怒），你只需走开或干脆拒绝回应他。任何冲突都需要双方都投入其中才行，而你可以通过抽离其中一方（即你自己）来结束冲突。

技巧与指南

- 当你运用这一方法时，找个双方都还冷静的时间先给你的孩子一点警告。告诉他：“我希望你能以冷静而尊重的方式向我表达意见，因为我就是这样跟你说话的。如果你跟我说话时不够尊重，我不会理你，而且将离开你的房间。”
- 只有当你真的做到对孩子毫不理会时，这一方法才能奏效。别理他，不论孩子多么暴怒，除非孩子遇到了危险或他的行为对别人构成威胁，克制住自己说最后一句话的冲动。但要记住，这一方法适用的对象是孩子为控制你而故意制造的脾气，而不是孩子渐渐积累的脾气。

- 当最初的风暴过去之后，请准备好以尊重的方式与孩子谈谈你们之间的分歧。别忘了，你要消除的是孩子身上的不良行为，而不是孩子本身。

Q&A 教小孩学会与大人谈条件不是也很重要吗？

教孩子以尊重的方式表达意见很重要，但这与哭闹、纠缠是两回事。当孩子哭闹、纠缠时，只想以这种方式逼迫你屈服。另一方面，孩子完全有权利以成熟冷静的方式提出与你完全不同的想法。换句话说，他可以有礼貌地坚持与你不同的立场。如果他能告诉你一些新的信息，并能最终使你改变心意，很好，但你也要让他知道，你之所以会改变主意，是因为他在呈现这些信息时采取了尊重的方式。即便他的观点听上去有合理之处，如果他无法以较为成熟的方式提出来，你也不可回应他。

良好行为养成术 04：掌控环境

作为父母，我们必须接受一个至关重要的事实，就是我们控制不了自己的孩子。我们总觉得自己能，但事实上，我们能控制的只是孩子周围的环境，即我们的家。

可以通过两种方式控制家庭环境：第一，通过更改家中的物理布局让孩子自由地活动；第二，为孩子设置某些障碍，限制他接触有害的东西。

改变家庭环境带来的益处是多方面的。它能增强孩子的责任感，改变他自以为一切都理所应当的心理，改变他一切都等着父母解决的习惯。这一方法还能培养孩子的自立能力，让他变得更为独立，从而节省你的时间。好消息还不止这些：这一方法能显著减少孩子哭闹的次数。

实践篇

首先，利用周末时间来重新调整家里的衣橱、洗衣房、橱柜和冰箱，好让孩子能够简便快捷地使用这一切。

请先设想一下家中没有成年人时，孩子怎么使用家中的设备。根据这一原则，对家庭布局做相应的调整：为了便于整理，为孩子的玩具箱贴上标签；为孩子买些小号的工具；把健康的零食放在食品柜里他一抬眼就能看到的隔层……这些调整有利于帮助孩子养成照顾自己的习惯，并能培养他独立自主的品格。如果衣柜高度设置合理，即使两岁的孩子也能自己挑衣服穿，这对孩子将是莫大的鼓励！

其次，不要阻止孩子帮忙。孩子乐于帮助大人做一些工作，父母却总是担心孩子做不好或只会帮倒忙。如果你一再对孩子说，“你自己倒果汁只会搞得一团糟”，孩子最后将不再尝试自己倒果汁，即使他完全有能力自己这么做的时候 也会指望由你代劳。

最后，藏起可能引起孩子哭闹的东西。当孩子为了获得某些不适合的东西而哭闹时——无论这些东西是他一直想要的，还是只有特定的时候想要——你需要仔细审视一下自己的屋子，并做一些布局调整。孩子时刻都能看到自己想要的东西，能不为此哭闹吗？

把不适合的东西紧锁在柜子里，为电脑设置密码，甚至干脆不让他到父母的房间里来，这样你也就不用永远对他说“不”了。

试着买一些（或者你自己动手做一些）只够装一人份的零食的小袋子，暂时拿走让孩子大呼小叫的玩具，把冰箱里的所有冰激凌都换成酸奶，把所有的过季衣服都拿到阁楼上去，而不是放在孩子触手可及的地方。

能将这一方法用于实践，你很快就会发现，你以往紧绷的情绪会舒缓很多。不仅如此，你的孩子也将学会以更积极的方式管理自己的行为。

技巧与指南

- 就你要实施的新规则坦诚地跟孩子谈一谈。告诉他："你已经长大了。我相信你有能力每天早上自己装午餐。"让他看看你对家中布局的调整，这样他就会懂得，一切他需要的东西都很容易拿到。但是，如果你决定把孩子爱吃的垃圾食品都清扫出门的话，就没必要向他郑重宣布这件事了——只需悄悄地、一点点地减少垃圾食品的分量即可。孩子想吃的时候，你可以说："饼干吃完了，但冰箱里还有苹果和葡萄。"
- 如果你为孩子买了小号的工具、垃圾箱或记事本，请鼓励他使用这些东西。帮助孩子养成良好的行为习惯，并利用结果强化这些习惯。
- 你可能很想一下子把孩子所有的玩具都丢掉，因为当游戏时间结束时，你的孩子总会大发脾气。但你最好别一开始就这么做。你可以先把玩具都收进一个纸箱里，等他的家庭作业全都完成后再让他玩。如果他在每天 30 分钟的游戏时间结束后依然吵闹，你可以把玩具锁上几个月，直到他学会按时放下玩具时再交还给他。这一手段也适用于别的方面——先采取温和的手段，然后视需要逐渐升级。

Q&A 我的孩子不想承担新责任怎么办？

这依然是孩子自以为一切都理所应当的心理的一部分。你要确认孩子有完成某一任务的能力，并拥有一切适合他的工具。当孩子意识到自己有做某事的能力后，就会主动想去试一试。

良好行为养成术 05：问与答

在生活中，你经常可以遇到这样的情形，孩子会就自己想做的事跟你讨价还价，尽管你已经表示了拒绝，但他以为你的立场还有转变的可能。自以为一切都理所应当的心理让他相信，如果他哭闹得足够厉害，你就会改变主意。如果过去这一策略曾屡屡奏效，他就更会确信了。

孩子如何得到自己想要的东西

首先，我们需要考察一下孩子（事实上也应包括很多大人）脑子里在想什么。如果从一出生起，父母始终对孩子百依百顺，那么孩子将很难接受拒绝。他将想尽一切办法去听到“是”，比如大声哭闹，而不是去坦然地接受拒绝。

孩子哭闹的声音足以震碎玻璃，震破父母的耳膜，让父母最终失去耐心并屈服。

不幸的是，几乎每个孩子都对这一方法运用自如：首先提高声调（调门越高越好），略微带点鼻音，拖长声音说“爸 / 妈——”；其次列举自己的要求应得到满足的一些理由，并一再重复，直到父母开始反驳。具体理由如下：

- 我的兄弟姐妹被允许做某件事 / 拥有某样东西。

- 有人（父母或其他人）说过我可以做某件事/拥有某样东西。
- 我真的很需要这样东西，因为……（我很饿/别人也有这样东西/我觉得无聊……）
- 一整天（甚至是一周）父母什么都不让我做。

如果孩子哭闹一番之后，父母依然没给他想要的东西，便采用“内疚战术”。继续保持哭腔，试着对父母说：

- 你一点也不爱我。
- 你是世界上最糟糕的爸爸/妈妈。
- 我讨厌你！
- 你更喜欢（兄弟姐妹的名字）而不喜欢我。

如果父母依然不为所动，孩子就会完全爆发（这是更进一步的战术）。如果最后他也没能得到他想要的东西，过一阵子他就会故技重施。有时他可以几天之内多次运用这一方法，以逼迫父母最终屈服。

绝大多数孩子还懂得其他很多策略，对你而言或许并不陌生：

- 考验父母的耐心；
- 选择性倾听；
- 反驳与争执；
- 要求得到特别对待；

- 把父母当仆人使唤；
- 与父母讨价还价；
- 声称“人人都会发脾气”。

如果这些策略不奏效的话，父母也就不会被哭闹等伎俩惹得那么心烦了。因此确保这些伎俩在父母面前毫无用武之地正是父母的责任。

遗憾的是，大部分时候父母都会妥协，对孩子的哭闹给予奖赏，并让他相信，他理所应当地该得到想要的东西。

从心理学的层面讲，这些不良行为同样是孩子满足自己的归属感和地位感等情感需求的手段——和餐前的饼干一样真实。不妨想一下，当一个孩子哭闹时，就能抓住你全部的注意力和精力，他就赢了，因为他完全打乱了你的计划，并靠自己的行为控制了你。这样一来，他（潜意识中）追求的归属感和地位感也就得到了满足。无怪乎哭闹的策略如此有效了。

> 孩子的幸福与否成了家长衡量自己育儿是否成功的标准……家长不停地想要取悦自己的孩子，结果反而让他们成了自己的老板，孩子的幸福指数成了家长的业绩报告。
>
> ——丽萨·艾尔·麦克卢德，《真理的三角》作者

真正的麻烦在于，孩子一般都知道哭闹到什么程度以及如何哭闹，

才能从父母那里得到自己想要的东西。孩子很狡猾，千万别以为他的撒娇、谈判、尖刻言辞和泪水都是发自内心的；也很懂算计，因为自从他头一次使用这些策略让我们屈服后，就明白了这些策略很奏效，未来也很乐意再次使用甜言蜜语、谈判和哭闹等老办法。

这一问题并不限于婴幼儿在商店中大声哭闹以得到想要的玩具或食物，大一点的孩子（甚至成年人）如果哭闹得厉害一点，也能迫使父母屈服。

16 岁的凯迪斯说自己是朋友中唯一没有限量版皮包的人。你知道这不是真的，但她每天都跟你唠叨这件事。她不停地哀叹（“大家都觉得我家好穷！”），她不停地抱怨（“我讨厌我的旧皮包！”），她反复地跟你谈条件（“我这个学期很多门课都是优秀！”），直到你自己也觉得太亏欠孩子了。

于是你带她去了购物中心，当然只是去逛逛。你想着或许能发现与她想要的是同款但更便宜一些的皮包。凯迪斯热情洋溢，她知道自己要去哪家店，哪个朋友的哪个皮包是在哪家店（或不是在哪家店）买的她都了如指掌，当然，她也有自己的打算。很快，她看上一款包，其价格足够你支付全家人一个月的生活费，从她的眼神中，你知道她对这款包志在必得。你很烦恼，但你同样想让凯迪斯开心一点，也想让她不再耍性子。于是你说了一句自己都想不到的话：“我觉得，你这学期的成绩还不错……”凯迪斯高兴得叫了起来。那么你呢？你努力让自己分享她的喜悦，同时想着，不知道什么时候又会碰上这样的事。

是的，不论你的孩子处于哪个年龄段，处于哪个成长阶段，都会用各种方式跟你讨价还价，但这个问题是可以解决的。请使用“问与答”的方法。

实践篇

假设你的孩子想自己去游泳池游泳，你拒绝了他（“不行，你自己去游泳池不安全”），但过了几分钟，他又来缠着你。这时，你可以按照以下五个步骤应对：

第一步，问问孩子：“你知道什么叫‘问与答’吗？”孩子一般会做出个滑稽的表情，然后说“不知道”。

第二步，问问孩子：“你以前是不是问过我，你能否独自去社区游泳池？”

第三步，问问孩子：“我是不是已经回答过你了？”这时，你的孩子很可能会说：“是的，但是……”不要理会他，直接进入下一步。

第四步，问问他：“你以为你一再缠着我，我就会改变主意吗？你觉得我像那样的父母吗？”你的孩子很可能会抱怨抗议，对你做出一副嫌恶的表情，或把这些伎俩都用上。他也可能立刻走开，不再纠缠你。

第五步，如果你的孩子又来向你提要求，直接以“你问过了，我也说过了”来回应。别理会他的负面反应，直到他最后能接受自己被拒绝的事实。

一旦你树立了“问与答”的规矩之后，当孩子再拿不合理的要求来纠缠你的时候，你就没有必要理会他了。事实上，如果你给他任何回应，或轻易改变主意，都无异于鼓励他下次再拿不合理的要求来纠缠你。

这种方法用过一次后，等孩子再来试图改变你的主意时，你可以镇静而从容地对他说：“你问过了，我也回答过了。”很快孩子就会明白，不管他来缠着你问多少次，你的答案都一样，就不会再来折磨你了。

技巧与指南

- 不要陷入“孩子一再要求，你一再解释”的怪圈。如果你之前已经给过他答案，而他又来缠着你时，“你问过了，我也回答过了”就是他唯一需要的回答。
- 如果孩子问了一个你一时无法回答的问题，你可以说：“让我想想这个问题，我晚上再给你答案。”
- 如果你能避免对孩子的每个问题和要求都以“问与答”的方法来应对，这一方法反而能发挥更好的效果。

Q&A 如果孩子提出的要求很合理，让我不由自主地想改变主意呢？

在你头一次回答孩子之前，请认真想好你的答案。如果你觉得这是一个可以探讨的问题，请与孩子就这个问题进行交流，看看你们能否达成一致。如果你需要一点时间来考虑孩子的要求（或征求配偶的意见），你可以对孩子说："我需要跟你的爸爸 / 妈妈谈谈。等我有答案之后，就会告诉你。"这样做能避免你想都不想就答应孩子的要求。

如果孩子提供的新信息确实改变了你的想法，那么你可以给孩子不同的答案。但你在给孩子开绿灯的同时，务必要向他解释原因。你可以对他说："对你自己从学校走回家这件事，我觉得你已经仔细想过了。对于可能发生的意外状况，你也有自己的预案。因此我相信你有能力做这件事。"这样一来，孩子就能意识到，你之所以会改变主意，不是因为他的哭闹或讨价还价，而是因为他采取了理性的思考和尊重的沟通方式。他的自信心也将由此得到提升。

经验告诉我，要拒绝孩子的要求是件很困难的事。让我们再回到凯迪斯的案例上，看看该如何处理。

对于凯迪斯的无理取闹，你事先警告她说，以后她再为自己所没有的东西而哭闹时，你不会再理她，并将直接走开。与此同时，你也努力减少自己对珠宝的痴迷，并在对待时尚潮流方面为孩子树立良好的榜样（试着将兴趣扩展到与时尚有关的其他方面，而不仅仅满足于获取时尚资讯，例如学习制作珠宝或从图书馆借些时尚设计杂志，探索将时尚设计作为职业的潜在可能性）。有一天，当你们一起逛商场时，她看中了一个价格远非你能负担（或远超她的零用钱数额）的皮包，开始缠着你买下那个皮包，尽管你一开始已经说了不行。于是你对她说："你问过了，我已经给了你回答。"这样一来，她不再跟你讨价还价。随后你问她是否愿意把这款皮包推迟到下个假期再买（她回答"愿意"）。在这个过程中，你也发现一款你十分想要的太阳镜。如果下个月能戴着它去度假就太棒了，而且这款太阳镜还在打折！但你还是选择了以后再买，尽管你能负担得起——为的是给孩子树立一个"空着手离开商店也没什么"的印象。当你们稍后在甜品店吃东西时，尽管凯迪斯依然对自己"又旧又丑"的皮包不满意，但她依然挺开心。而这趟商场之旅同样也让你很满意。

本章中的方法旨在帮助你克服对孩子屈服的习惯——你越早将这些方法用于实践，你就能越早获得自己期待的结果。很快你的孩子也将习惯于这些新规矩，不再像以前那样纠缠你。想象一下，当孩子不再无休止地向你要新玩具、数码设备和垃圾食品时，你的商场之旅该是多么轻松！只要你稍微花点心思，你就完全能做到，而这对于根除孩子自以为一切都理所应当的心理也是个良好的开端。

第三章 父母不应变成孩子的专属仆人

引子

我们为什么会替孩子代劳？

凯勒布直到 3 岁都没自己穿过鞋，一直是他的父母帮他穿，穿鞋对他来说可能太难了。直到 4 岁，他都没有独自完成过字谜游戏——字谜解不开时，他会深感沮丧，所以他的父母每次都会帮他完成。直到 5 岁，他都没有自己倒过任何饮料，也没有为自己冲过早餐麦片。他的父母怕他弄不好，因此一直替他弄。7 岁的凯勒布每天晚上都要写家庭作业，他的父母始终会守在他身旁，紧盯着他的一笔一画，以查看他写得是否正确。长到 8 岁，他依然没学会自己叠被子。9 岁时他干脆不想叠了，他的父母也就不勉强他学了。当有大人问他什么问题时，他的眼睛总会转向一边，回答时声音小得像蚊子叫，这时他已经 10 岁了。11 岁时，凯勒布连简单的感谢便条都不会写。12 岁时，他的父母依然觉得他没有自己倒垃圾的能力——要是他把垃圾撒了，或倒垃圾回来没有洗手怎么办？他已经 13 岁了，他的父母还在为他收拾房间，因为他们已经厌倦了一次次地提醒他。

14 岁时，父母让他把碗碟从洗碗机里拿出来，但他把碗碟扔在那里两天都没管，最后他父亲只好让步，不再让他洗碗碟。15 岁时，他母亲为他找了份送报的工作，但他上学时，这份工作基本都是他母亲完成的，这样他就可以多睡一会儿。16 岁时，他要去哪儿，他的父母都会开车送他，而不是教他自己开车。他们觉得他年龄还太小，毕竟，家门口的路他都不怎么熟悉呢。17 岁时，他母亲不断要求老师给他好成绩，因为她想让他读一所好大学。18 岁时，父亲为他拟好了每一所大学的申请大纲，并仔细检查他所写的每一个字，毕竟考大学的竞争不小。直至凯勒布完全成年，他都没怎么洗过衣服，从未了解过自己家的财务状况，没用过地图，也从没自己打过鸡蛋。事实上，凯勒布依然是个孩子或者我们所说的“巨婴”。

我们时常听说那种自以为一切都理所应当的孩子，但我们觉得这样的孩子不会出现在我们自己家。这是因为，孩子自私心理的形成过程非常缓慢，我们根本注意不到。一般来说，孩子会从完全依赖父母逐渐走向完全独立，但父母却会无意识地用自己“爱的举动”干扰孩子走向独立的过程。这样做的结果是孩子长大后缺乏融入现实世界的必要能力和欲望。

在本章中，我们将探讨如何应对孩子身上的另一种自以为一切都理所应当的心理—— 一切都需要别人代劳。

提到现在在家里连指头都懒得动一下，也不懂得如何面对现实世界压力和困难的孩子，我们都能发表一通自己的见解。但我们真的明白这是怎么一回事吗?

> 孩子自己能做的事，你绝不可替他做。一个“事事依赖”的孩子往往也是一个性格专横的孩子。如果我们不给孩子承担责任的机会，他就会成为没有责任心的人。
>
> ——鲁道夫·德瑞克斯和玛格丽特·顾登曼，《育儿术入门》作者

是什么导致父母无法培养出能干、独立、有责任心的孩子？其中的原因有很多。在这个问题上，即便是最细心的父母也会犯某些错误。接下来我们将逐一考察这些错误，并提供纠正的方法。

首先，我们需要注意的是，当我们给孩子分配任务时，他完全可能对此毫不理会，因为他已经习惯于理所当然地依赖父母。

孩子是如何把父母变成专属仆人的？

没有谁愿意洗碗、倒垃圾或擦家具，那么多有意思的事儿都来不及做呢！如果你不想做这些事，你就可以不做！运用这里提供的“专属仆人”的方法，你可以让你的父母替你做一切事。不仅如此，你不用多说，他们就会乖乖去做。开始时可能会有点麻烦，但很快你就能享受到这一方法带来的乐趣！

第一招，不论父母想让你做什么，你都要通过哭闹来表达你的不满。

第二招，当父母设法劝说你去做某事时，你要与他们讨价还价，表现出极为不情愿的样子。你要让你的父母感到他们让你做的事就像飞到月球上一样困难。这样一来，父母才能把你当一回事。

第三招，把父母要你做的事无限期地拖延下去。如果你能设法让父母迟到或站在旁边不停地催促你就更好了。

第四招，每次父母失去耐心时，你都要对他们展开反击。但其实用最后一招就够了：你只需每次都把父母交给你的工作做得很糟糕，很快你的父母就会自己做这些家务而不再麻烦你了！

其次，有时孩子别无选择。如果我们一切都为孩子代劳，打击孩子自己的努力，无异于是在对他说："你只会把事情搞砸。"或："你太小了，帮不上任何忙。"这种行为等于用自己代替了孩子。

一个阳光明媚的周六早晨，9 岁的布兰迪主动提出要洗家里的汽车。他去征求妈妈的意见。他的妈妈说："我不知道该不该让你洗，亲爱的。你够得着车顶吗？""我可以站在凳子上。"布兰迪回答道。"你能记住把所有的窗户从里到外都擦一遍吗？""能记住！"他说。但妈妈又说："其实车几乎不用洗，我上周刚洗过。"她担心布兰迪帮不上什么忙，反倒只会给她添乱。"你知道洗车的工具在哪吗？"妈妈问道。这时布兰迪开始怀疑自己的能力了，同时他也开始怀疑自己洗车的意愿。他说道："我不确定。也许我更应该去同学家玩一会儿。"

即便对大人而言，当我们面对一个新任务时，得到的是质疑、不耐烦和敷衍的态度，我们也会放弃。在这种情况下，接受新任务不会让我们感到自信或振奋。对孩子也是一样。很快，孩子就会认真看待你发出的负面信息。对于天性渴望独立的孩子而言，“小心一点！”或“让我来做好了！”之类的言行对他是沉重的打击。如果他一再听到这类话，他在面对新挑战或新问题时就会逐渐失去对自己能力的信心。

同样的，“这也不行，那也不行”的态度也不可取。“别把毛巾放在地板上！”“别跟奶奶用这种口气说话！”“在屋子里不要穿鞋！”我们总是告诉孩子不许干这个，不许干那个，但这么一来，孩子就不得不花双倍力气才能理解我们的意图：他们先得记住在屋里不能穿鞋，然后要弄明白该做什么。下次当你想对孩子说“不能这么做”时，请改为告诉孩子“应该怎样做”。这样，孩子就能更快地学会积极的行为。

最后，由于我们的生活如此忙碌，常常抽不出时间帮助孩子接受新挑战。举例来说，将洗好的衣服收走叠好对我们来说再简单不过，但这实际上需要大量的练习。如果孩子从小就没有得到训练，等他住进单身公寓时就会茫然无措。

你必须根据孩子的年龄让他承担一些力所能及的工作，并教会他各种技巧。孩子直到 18 岁才成年是有道理的：他在成年之前要学的东西太多了！你也会发现，这样一来，孩子将逐渐接受自己在家中的角色，而你也不会再为谁该擦家具、谁该洗衣服之类的事与他争论不休了。

本章提供的方法不仅能帮你纠正孩子的自私心理，还能激励孩子更好地去完成自己的任务。在孩子克服困难、学习家务技巧的过程中，你的孩子将变得更为独立、自信。这样一来，你或许也能在周末享受一下慵懒的下午时光。

良好行为养成术 06：培训时间

15 岁的孩子自己洗衣服？每个周末都为家人准备晚餐？用电脑帮邻居经营小生意，并且每一笔由此获得的收入都记得清清楚楚？

谁家的孩子这么优秀？这听起来难以置信，其实你的孩子也可以，前提是你需要事先花上几年时间去训练孩子的相关技能。因为很多我们习以为常的小事，例如烤面包，对孩子而言都非常困难。

要扭转孩子一切都依赖我们的心理，关键在于赋予他能自己完成这些任务的能力。首先，我们得利用第二章介绍的“掌控环境”，来塑造一个便于孩子参与各项家务的环境。然后配合使用“培训时间”的方法来帮孩子树立处理这些家务的信心——无论是清洁微波炉、防范暴雨还是选择合适的手机套餐。

“培训时间”是专门为纠正孩子一切都理所应当的心理而设计的。没错，你可能确实需要花点时间为孩子讲讲如何收拾卫生间，但这同样是教他正确的做事方法。通过这种练习，孩子将逐渐懂得如何避免哭闹，如何在你的老板来你家做客时表现得体，如何给别人留下良好的第一印象，如何获得其他有助于他成年后获得成功的技能。如果你能利用这一方法去锻炼孩子，你会发现他的生活自理能力、责任感、独立意识都会有明显提高。只有这样，等到他高中毕业，需要独自在现实世界中生存并获得成功时，我们才能对孩子充满信心，而不用一再提醒他把自己的脏衣服放进洗衣篮里。

你一定会对这一方法带来的良好后果感到欣慰。很快，你的孩子就会变得又独立又能干，而不再什么都指望你。

如何培养孩子独立处理日常家务的能力

我们对孩子的帮助什么时候是有益的，什么时候只会助长他的自私心理？

根据我的经验，以下情况，给予孩子一定的帮助都是可以的：

- 如果成年人遇到类似的情况，也需要帮助。
- 你的孩子完全没有完成某一任务的能力，也许是因为他尚不具备相应的能力，也许是因为他还没有掌握方法。如果是第二种情况，请慢慢训练孩子。
- 你对孩子的帮助在合理的限度内。请努力掌握好工作与陪伴孩子之间的平衡。
- 遇到了特殊情况（例如疾病或其他孩子完全无力控制的情形）。但如果这些特殊情况一再发生，可能就是孩子的自私心理在作怪了。一点小感冒不能总成为孩子不去上钢琴课的理由。同样的，即便是他的数学作业很难，你也没必要替他完成。

如果孩子有以下表现，那么你可能就需要纠正孩子身上自以为一切都理所应当的心理了：

- 孩子自己可以轻易完成的事，却要你来替他做。

- 当你让孩子帮忙时，他几乎从不理你或极为敷衍（要不就向你要求奖赏）。
- 当孩子自己做什么事时，你经常需要去解救他，因为他总是茫然无措的样子。
- 你的孩子对你的帮助很少表示感谢。因为他已经习惯于一切都让你代劳，所以对你的帮助并没有多少感激之情。

实践篇

首先，选择一项与孩子的年龄相匹配的任务。后面的“家务清单”为你提供了一些相应活动作为参考。结合孩子的个性来为他制定任务：可以让喜欢能发声的物体的孩子去推吸尘器；如果你的女儿有一定的艺术细胞，则可以让她学习如何把餐桌布置得漂亮一点。

找个心境都较为轻松的时间教孩子练习生活技能，这样你们都不容易分心。如果客人马上就来了，你还要教孩子如何拖地，显然不是时候。

然后，制订一个计划。教年龄较小的孩子时，要把任务分解为不同的步骤，而且要确保一切必要的工具都在手边。

如果你已经做好了准备，那么就开始吧！别忘了在教孩子学习新的生活技能时，对他取得的每一点成绩都积极给予鼓励。在学习的过程中，没有什么问题是傻问题。事实上，在孩子学习新事务的过程中，你应该详细地向他解释这些事务。例如，为什么过期的蛋黄酱就算没长毛也要扔掉，为什么不能把掉在地板上的豌豆藏在橱柜底下……

一旦孩子学会了基本的生活技能，你就可以让他试着承担一些本该由你承担的责任。此外，还要不断帮他寻找新的学习机会，因为随着孩子年龄的增加，他会遇到新的情况，需要掌握更复杂的技能。对年幼的孩子，你可以考虑让他每周练习并掌握一项新技能；对于年龄大一点的孩子，一个月比较合适。

技巧与指南

- 在运用这一方法时，宣传的技巧十分关键。如果你把家务视为负担，孩子也会把它们视为负担。对孩子说，他已经长大了，鼓励他承担一些责任。另外，务必让孩子知道你对他的能力充满信心。
- 运用这一方法时，一定要确保你和孩子都处于放松的心境中，没有饿肚子，且态度积极。即使孩子在学习洗衣服时，把清洁剂弄得满屋子都是，你也依然应该冷静耐心地跟他交流。
- 教某个孩子学习新事务的时候，给他的兄弟姐妹找点别的事情做。如果有兄弟姐妹在旁边，他就比较容易分心。而且当他犯错时，他的兄弟姐妹可能也给不了什么积极的支持。
- 最开始运用这一方法时，一定要确保新任务是孩子很感兴趣的。当他意识到你是在积极培养他的能力后，他再学习较为枯燥的内容时就不会那么抗拒了。

- 对于年龄较小的孩子，可以分几次教会他一项新技能。而且一定要等他完全掌握了一项技能后再教他新的技能。
- 发挥创意，让学习的过程充满乐趣。你可以借助布娃娃或可活动玩偶教孩子学习餐桌礼仪或协调人际冲突（甚至可以“说服”霸王龙玩偶去摆餐桌）。然后转换一下角色：让霸王龙来“告诉”你应该把餐巾纸摆在哪里。
- 切勿批评孩子！这样只会激起孩子的防卫心理，打击他的信心。相反，你应该积极鼓励孩子的每一个微小进步。
- 当你的孩子掌握了一项生活技能之后，鼓励他把这项技能坚持下去。例如，当他学会了整理自己的床铺后，以后始终要让他自己做这些事。家务活可以由家庭成员轮流来做，但要确保每个孩子都能有机会定期练习自己掌握的技能。
- 别忘了这一方法同样可以用于指导孩子学习家务以外的技能。你可以试着用它来引导孩子学习如何参加工作面试、检查汽车或以有礼貌的方式解决与大人的分歧等。

Q&A 我的孩子不愿学习新技能怎么办？

别忘了，这一方法适用的对象不仅限于家务，它可以用于教孩子学习一切事务。最开始运用这一方法时，你一定要挑选一些孩子感兴趣的（且在他能力范围之内的）任务。装饰蛋糕？钉钉子？基本防身术？孩子感到学习新事务是件有趣的事，也能让他掌握一些实用技巧时，再让他帮你承担家务，他就不会那么抗拒。

当你开始教孩子如何收拾卫生间时，请尽量让这一过程充满乐趣。例如你可以让你的孩子穿着泳裤收拾卫生间。还可以激励他说，等他掌握了擦亮花洒的窍门之后，就可以去学习更有意思的技能了，比如洗车或烤松饼。如果孩子对学习某些事务十分抗拒，你可以让他自己列出一些自己感兴趣的任务，并把这些任务与那些不那么有趣的任务交替着进行。如果你想通过物质奖励让孩子干他不愿干的事，请你三思而行，这类伎俩迟早会有反作用。

良好行为养成术 07：做点家务

当孩子的依赖心理已经有点难以控制时，会发生什么？

有一位带着三个男孩的母亲向我寻求帮助，因为她的孩子什么都不愿意做，不论是清理自家的屋子还是外出做兼职。她对我说，她的孩子只愿意玩电脑游戏，根本不愿意帮她做家务（谁愿意呢）。她对孩子使用了唠叨、提醒、大吼大叫等各种手段，她的孩子道完歉之后却依然我行我素。最后所有的家务还是得由她和她丈夫来完成。很快我就明白了：这位妈妈其实从未真正要求孩子们做过任何事。事实上，从孩子们很小的时候起，她就一直惯着他们，替他们料理一切。她的孩子们已经习惯了一切事都由妈妈来做。到后来，家务已经多到她和丈夫两人都难以应付的程度。最后她是怎么解决这一难题的？她出钱请了一位保洁员，每周来她家里打扫三次。

这种解决方式太昂贵了，尽管她家出得起这个钱。由于多数家庭都出不起另外请保洁员的钱，他们只能陷入唠叨、提醒、大吼大叫的怪圈，要不就只能牺牲自己的周末时间来搞卫生。

这是个真实的故事，而且这样的事并不少见。毕竟，多数时候我们自己做家务比让孩子做家务要容易。很快，我们就会对此形成习惯。家庭外的事情已经够我们忙的了，哪有那么多时间操心家里的状况？这样一来，我们就会培养出一群以为世界绕着自己转的自私小孩。

“做点家务”是避免孩子形成这种自私心理及培养孩子自理能力的最佳手段之一。为了家庭的利益，做家务是每个家庭成员的责任。如果家里所有人不愿意干家务活，那么这个家庭就会停止运转。

事实上，这不仅仅意味着分担家务。格伦博士认为，家务与贡献的区别在于，后者是你为别人而做的事。当我们代替孩子做他自己能做的家务时，等于同时剥夺了他的诸多机会——从错误中学习的机会，努力获得成就的机会，克服挑战的机会，相互合作的机会，从工作中获得成就感的机会，更自信地面对未来挑战的机会；也剥夺了对他而言非常重要的归属感和地位感。

在做家务的过程中，孩子的团队精神和生活能力也会得到锻炼。他也会明白每个人各有所长的道理。这不仅能赋予他巨大的正能量，显著提升他的个人能力，更能从长远的角度克服他将一切都视为理所应当的心理，还将学会保持基本的整洁和条理（他未来的配偶将会因此而感谢你），在解决问题、获取知识、保持坚韧等诸多方面也能得到长足进步。

很多父母都没意识到，他们培养的下一代人无法胜任工作，无法管理自己的财务，无法投票表达自己的意见，也无法维持一段感情。毕竟，工作需要付出努力，理财不容易学，政治很无聊，而人际关系则很复杂。相比之下，还是整天沉迷于电脑游戏之中，将以上这些都交给别人去操心更容易一点，也更有趣一点。这些自私的孩子成年后，还指望着别人把一切都放在盘子里递给他们，只是他们此时已经不再像小时候那么可爱了。

“做点家务”越早用越好。当你的孩子能自己将袜子配对时，就应该培养他定期为家庭做事的习惯了。但即使你的孩子现在已经到了法定开车的年龄，要求他帮忙做家务也不算晚。

实践篇

首先，列出适合孩子年龄的，孩子能胜任的家务。想想家中哪些事是需要定期做，且需要实际动手去做的。开始时，你需要为孩子找一些他每周或每天都得做的任务。例如，4 岁的孩子可以学习整理床铺，把洗好的衣服及时拿走，每晚布置餐桌。可以让 9 岁的孩子每周清理一次卫生间的洗手台，每天遛两次狗，及时更换自己的床上用品。而对于 17 岁的孩子，可以让他每周为家人准备一次晚餐，在垃圾收集日清空垃圾，开车送年幼的弟弟或妹妹去练习足球。

	每周任务	每日任务
11 岁的大儿子	整理床铺，放学后遛狗，收拾餐桌，把食物放好。	周三：把垃圾和可回收物送到指定位置。 周六：清扫院子的落叶。 周日：清理卧室
4 岁的小女儿	整理床铺，把洗好的碗碟从洗碗机里拿出来，喂小狗，摆桌子。	周二：倒自己的小垃圾桶。 周六：叠好毛巾，将袜子配对。 周日：用湿纸巾把卫生间的洗手池和台面擦一遍（确保安全）。

把这套新规矩告诉孩子。但别说，由于我们有安全的住所、可口的食物和保暖的衣物，为了维持家庭的正常运转，每个人都应该做点家务。现实一点—— 孩子知道你不会把他扔到街上，所以不要

拿这种话来要挟他。之后你可以借助“培训时间”的方法教孩子学习新事务，如果你的孩子对这些新事务还不够熟悉的话。

你可以以一周或一个月为单位，增加或减少孩子的家务数量，也可根据你的实际情况确定合适的周期。但对于铺床、把脏衣服归类等个人卫生事项，一旦孩子学会了怎么做，就应该让他一直保持下去。让孩子承担一两样属于整个家庭的家务也是个不错的方法，他会从集体服务中获益。

除了固定的家务活之外，你还可以偶尔让孩子干一些计划之外的或临时性的活儿。举例来说，当孩子在玩耍时，你可以让他停一会儿，花 10 分钟的时间把毛巾叠好。同样的，你也可以让孩子临时把清扫落叶加入自己的周末劳动计划。

你可以利用“掌控环境”的方法对家庭环境做出调整，使之适合孩子，并借此鼓励孩子去承担新责任。请利用一切机会让这一过程充满欢乐，如专门制作一份歌单，在孩子打扫卫生间时播放。

最后，一定要克制自己的冲动，不要因为孩子做了自己该做的家务而给他什么奖赏，一句“做得好”本身就是一种奖赏。物质奖励只会剥夺孩子从做家务中获得的正面回报，如自豪感、团队意识等。不过当孩子主动帮你时（或帮你时毫无怨言），要及时给他一点口头表扬。你可以对丈夫说：“艾丽今天下午帮我做万圣节装饰了，这省了我不少时间。”

现在帮孩子理解这一点：做家务是生活的必要组成部分。

技巧与指南

- 尽量每周为孩子安排一项他喜欢的——至少不那么讨厌的家务。
- 在家务的内容和完成方式上，给孩子一些自主权。你可以问问他："你每周清理厨房的地板时，想用吸尘器还是扫把？"或者："你想把星期几固定为修剪草坪的日子？"
- 确保给孩子的家务活是合理的。例如，如果你的儿子因忙于升学考试，没时间为家人做晚餐，那么你可以等到他考完再把这项任务交给他。又比如，你的女儿根本没有熨衬衣的技巧和耐心，你没有必要逼迫她，不妨等上半年，等她的动手能力提高一点之后再让她试试。
- 在孩子上学期间适当减少他的家务，在暑假和周末适当增加他的家务。
- 如果孩子之间想交换着做家务，不要干涉他们。只要每个孩子能顺利完成家务就行。
- 即便你想给孩子一点挑战，也不要给孩子太大压力，特别是在他的学业和课外活动已经不少的情况下。如果孩子的日程表中根本没有留出做家务的时间，那么你需要跟孩子认真谈一谈，请他压缩一下其他的课余活动。为了给孩子创造一个不自私的家庭环境，在做家务这件事上没有商量的余地。
- 当你一开始让孩子承担家务时，一定会遭到孩子的激烈反抗。对此你要有充分的心理准备。你的孩子可能一开始不喜欢你的新规矩，但随着时间的推移，他会逐渐适应。
- 别忘了，让孩子承担家务的意义在于纠正他的自私心理，同时也是为自己减轻一点负担。利用省出来的时间关爱一下自己——散个步、读读书等。这不仅会丰富你的灵魂，也能为孩子树立一个平衡生活的好榜样。

Q&A 我的孩子每次都只能帮倒忙，反而增加了我的工作量，我该怎么办？

遇到这种情况，你应当对他进行适当的培训。如果在培训之后，他依然无法胜任一项任务，那么你应当重估他的能力，并试着为他分配一些较为简单的任务。如果你能确定孩子只是在故意逃避劳动，那么你可以借助后面将要介绍的两种方法来确保他能顺利完成工作。举例来说，如果他在洗衣服时把肥皂泡弄得到处都是，你一定要告诉他，只有把干干净净的洗衣机留给下一位使用者时才算完成了任务。

别忘了，当你刚开始让孩子承担家务时，孩子可能会故意拖拖拉拉以示反抗。告诉他，新的规矩无论如何都会实行下去。这样一来，他就会慢慢适应。

Q&A 每次我让孩子做家务时，他都恰好会遇到一些事——生病啦，有个重要作业要赶啦，朋友来找他啦……我该怎么办呢？

找一些他必须完成的家务，例如洗碗、铺床和洗衣服等，让孩子从这些活儿开始学着承担家务。如果孩子连清理厨房的 30 分钟都抽不出，那么可以把任务拆分成只需 5 分钟或 10 分钟的小任务（例如擦微波炉、为洗碗池消毒、清理冰箱里的过期食物等）。当遇到孩子生病或其他意外情况时，你可以适当地调整对孩子的要求和完成家务的时间。但如果他故意把作业留到最后才做，并以此为借口说自己抽不出时间擦地，你就需要督促他完成。

说到让孩子做家务这件事，他能做的可不只是铺床叠被。请根据孩子的能力和年龄参考下面的家务清单，为孩子分配合适的家务。当孩子做家务时，你一定要在一旁监督，特别是孩子要做的事有一定的危险性或他对自己的任务还不熟悉时。

家务清单

2~5 岁的孩子：

- 用湿海绵擦厨房的椅子和凳子。
- 在父母的帮助下取报纸或快递包裹。
- 把自己的玩具和衣服捡起来。
- 用湿海绵清洗桌子和台面。
- 叠桌布。
- 洗水果，撕生菜，搅拌沙拉。
- 帮忙摆餐桌，如摆放餐巾纸和餐具等。
- 喂宠物及给宠物换水（一定要事先教教孩子，并让孩子使用有刻度的杯子，这样孩子才知道该放多少水和食物）。
- 洗自己的餐盘。
- 帮忙把杂物放置在自己能够着的地方。

- 把勺子和刀叉从洗碗机里拿出来，并借助板凳把它们都放进抽屉。

5~6 岁的孩子：

- 借助闹钟按时起床。
- 自己整理床铺（学着铺较为简单的床单）。
- 帮着折叠毛巾。
- 为袜子配对。
- 擦拭自己浴室的水槽。
- 为家里的植物浇水（事先教孩子该浇多少水）。
- 擦餐具（记得戴手套）。
- 用小号垃圾桶倒垃圾。
- 在洗衣服时把浅色衣物与深色衣物分开。
- 帮忙用吸尘器搞卫生、拖地及擦拭灰尘。
- 把洗好的衣服从洗衣机里拿出来晾干。
- 擦除地板上的灰尘。
- 为门把手和遥控器消毒。
- 使用手持式除尘器打扫打翻的汁液和垃圾。

6~8 岁的孩子：

- 洗盘子；把碗碟放入 / 取出洗碗机。
- 做简单的菜，如沙拉和点心。
- 为水果削皮。

- 帮忙换被单及把脏被单拿去洗。
- 自己为带去学校的午餐打包。
- 熨烫餐巾。
- 折叠简单的干净衣物，将其放置好。
- 为踢脚线擦灰。
- 清理家具上的灰尘。
- 每天遛狗。
- 每天自己定闹钟，早上按时起床，自己料理好早晨的一切事务。
- 拔除庭院里的杂草。
- 把家中的杂物放好。

8~11 岁的孩子：

- 换电池及其他日常家庭维护事项。
- 把自己所有洗好的衣物都叠好放好。
- 清理冰箱、厕所，做其他较为细致的家务。
- 洗车，为汽车内部除尘。
- 在庭院里种合时令的花和其他植物。
- 清洗和打理宠物。
- 收集垃圾，为垃圾分类，倒垃圾，每周完成一次跟清扫垃圾相关的家务。
- 每月整理一次衣柜。

11~14 岁的孩子：

- 自己换床单。
- 自己完成整个洗衣过程。
- 熨衣服。
- 擦屋内的窗户和屋外较低的窗户。
- 在大人的监护下修剪草坪，清扫落叶，为植物培土。
- 每周为家人做一顿简单的饭菜。
- 负责家庭中的废品回收事宜。
- 在有大人在附近的情况下，短期看护较小的弟弟妹妹。
- 对照料家中的宠物负起完全责任。
- 清洁花洒和水龙头。

14~18 岁的孩子：

- 深度清洁——包括车库和阁楼。
- 修剪庭院里的灌木，维护庭院的主要景观。
- 独自带年幼的弟弟妹妹。
- 准备饭菜。
- 每周为家人准备一顿大餐。

良好行为养成术 08："只有……才能……"

如果孩子对你最简单的要求（例如"请把洗好的碗碟从洗碗机里拿出来"或"把你满是泥巴的脏靴子从白色地毯上拿开！"）都不理不睬，那么"只有……才能……"的方法十分适合你。借助这一方法，你的话语将不再只是空气，孩子将奇迹般地乖乖听从你的要求。那么这一神奇的方法究竟是什么样的？简单来说，你需要把孩子不太想做的事情安排在他乐于做的事情（如吃零食、使用电子产品或参加朋友的生日派对等）之前。

与此同时，你需要让孩子明白，你不是他的私人保姆。不仅如此，你还要让他知道，享受总是伴随着责任。你需要将"从来不用做事，只需轻轻松松过生活"的念头踢出他的脑海。不仅如此，你还要慢慢引导他认识这一道理：每个人都需要做事，没有人可以一直懒懒散散下去。

实践篇

首先，简单地把你的合理要求告诉孩子。你可以说："安吉丽娜，你能帮我打扫一下客厅吗？"如果安吉丽娜立刻去做，或跟你说等她的指甲油干了就去做，那么你根本不需要使用这一方法。如果安吉丽娜当你根本不存在，你需要把你的要求重复一遍。冷静而清晰

地告诉她 :“只有你把客厅清扫完了，今天才能玩手机。”“只有……才能……”这一句式适用于所有与之类似的情况。你的孩子很快就会明白，当你以这样的方式提出要求时，你是非常认真的。以下就是一些例子 :

- 只有你做完了该做的家务，才能去朋友家里玩。
- 只有你把玩具房打扫干净之后，我们才能吃午餐。
- 只有你做完了家庭作业，我们才能自由活动。

当你已经把“只有……才能……”的要求讲清楚之后，就立刻离开屋子，别理他的抗议、哭闹或讨价还价，而且你一定要对自己定下的条件说到做到。

需要注意的是，这一方法需要借助孩子喜欢做的事来激励他的行动。但这件事应该是孩子本来就会去做的事，而不是一样专门的奖赏。如果你能把这一方法与本书介绍的其他方法配合使用，那么孩子的地位感就能得到充分满足。这样一来，当你向孩子提出合理的要求时，就更容易得到他的配合。因此，当你想让孩子把你本周从图书馆借来的书归纳一下时，你没必要每次都使用这一方法。如果你觉得孩子可能会跟你讨价还价，那么在你向孩子提出要求前，最好先想好一个你能接受的底线。

别忘了在完成任务的具体方式和时间上给孩子留出一点余地。

这其实是一件好事。让孩子自己决定做事的方式和时间能增强孩子的地位感——完成任务后他便能获得自己想要的东西。如果孩子没能按你的要求完成任务，你无疑会因此而耽误一点时间。但从积极的方面来说，你的孩子会因完不成任务而失去与朋友出去玩的机会，会吃不到零食，会无法更新自己的朋友圈。在经历了几次这样的事之后，他以后就会配合你的要求。

技巧与指南

- 设定界限对你、对孩子都是一件好事。有些事本身就有自己的界限，如芭蕾舞培训班的开课日期是固定的。但别的事可能需要你有意识地设定界限：10 点关灯；9 点之后不许再用电子产品……
- 在运用这一方法时，聪明的父母很快明白这个窍门：在孩子开始做自己喜欢的活动前向他提出要求更容易被遵守。换句话说，如果你想让孩子打扫门前的台阶，可以让孩子在晚餐开始前 20 分钟去打扫。如果孩子提出抗议，你可以说："你只有打扫完台阶，才能跟我们一块吃饭。别忘了，厨房只开放到 6 点半。"
- 当你对孩子提出要求后，立刻离开现场。不然你只能充当孩子抱怨和哭闹的听众。
- 不能把剥夺孩子的"身心灵时间"作为要求孩子做事的条件。孩子每天都需要得到你全心全意的关爱，剥夺对孩子的关注只能让事情变得更糟糕。但你可以把其他事先已经计划好的有趣活动当成这一方法的条件，例如跟家人一块骑自行车、看电影或玩桌面游戏等。

- 对于年龄较小的孩子，应该把完成任务后“才能”做的事限定在很近的时间。而对年龄较大的孩子则可以相应地延长时间。一般来说，孩子面临的任务越大，留给孩子的时间就应该越多一点。例如，你可以在周四就提前告诉你 14 岁的孩子：“只有你把车库清理干净了，周六你才能去朋友家过夜。”
- 如果你需要你的孩子在一天中的不同时段帮你的忙，“设定日常任务”和制定家庭成员任务清单的方法可能会对你有所帮助。

Q&A 我不知道如何为孩子设定条件怎么办？

如果需要的话，下次你向孩子提出要求之前，可以多花点时间思索一下如何为孩子设定条件。零食和饭菜都是激励孩子完成任务的好条件，此外，对电子媒体的使用权也是个常见的条件。你可以对任何称得上特殊待遇的事物加以限制。如果你实在找不出什么限制条件，或许你应该换个时间再提出你的要求。

Q&A 当我使用这一方法时，我的孩子抱怨、哭闹、使性子或者情绪崩溃，我该怎么办？

“只有……才能……”或许很快就能成为你最喜欢的育儿方法，但你的孩子不会这么看。既然过去他一直都能靠哭闹和讨价还价逃避家务，那他有什么理由做出改变呢？但对孩子的一切抱怨、讨价还价和不友善的言辞，你需要做到完全无视。你也需要明白，他一定会做出这些举动，你得摆出一副不为所动的样子。这样一来，你的孩子很快就会明白，他的恶劣行为并不能让你回心转意。

Q&A 当我想离开现场时，我女儿却一直缠着我，我该怎么办？

不要理她。如果你对她的唠叨和抱怨直接无视，她很快就会意识到做这些毫无意义。如果她依然纠缠不休，你可以躲进卫生间。让她明白，只有她肯以尊重的方式与你对话时，你才愿意跟她说话。

良好行为养成术 09：设定日常任务

如果你的家庭跟大多数的家庭一样，大部分争吵都集中于特定的时间段，例如早上、下午孩子放学后、孩子做作业时和睡觉前，那么这一方法能解决你遇到的问题，能让孩子独立完成诸如刷牙、做数学题、遛狗等各种事情，且完全不用你来唠叨他。听起来不太可能，但你确实可以做到！

孩子之所以会在一天中的某些特定时段与父母发生争执，是因为父母不仅试图用唠叨、催促、威胁、吼叫等方式迫使（通常没什么积极性的）孩子做事，将孩子的独立感和自信心消磨殆尽，而且还常常改变自己定下的规矩。以晚上入睡的时间为例，如果你周一要求孩子晚上九点钟关灯，但周末却变成了九点半关灯，那么孩子就会觉得晚上睡觉的时间是可以讨价还价的。

但如果你能为日常活动设定相应的条件，就能让孩子承担起自己的责任，而且能避免孩子将你视为一直唠叨他的坏人。当他拒绝洗脸或遛狗时，你只需简单地提醒他注意规矩，在他开始抱怨之前就离开现场。想想你该多幸福吧！

而且，当你的孩子熟悉了这些规矩之后，遵守这些规矩能极大地提升他的地位感。他也会意识到，享受与责任密不可分。这一新发现有助于纠正你家中原来普遍存在的自私心理。

实践篇

为孩子制订一些例行程序的要点是：如果孩子能顺利地完成这些程序，就能得到自己想要的东西，例如吃零食、使用电子产品等。想要的东西应该是孩子本来就能得到的东西，而不应是额外奖赏。切勿用金钱诱导孩子。

之后让孩子参与你的日程安排。告诉孩子："只有遛完了狗，做完了作业，也练完了钢琴之后，你才能玩半个小时的电脑，但 9 点之后，你就不能再使用任何电子产品。"对年幼的孩子，你可以把他该做的事列成清单，贴在家中显眼的位置（例如浴室的镜子上）。如有必要，可以借助图画。你需要为孩子该做的事设定一个截止时间，在必要时可以使用定时器。

在正式实施这一方法前，先模拟练习一次，以确保孩子有足够的时间，且能充分理解你对他的要求。设法让练习有趣，有意义；事先留足时间，以免给孩子造成太大压力；不要唠叨孩子。做到这些，你就拥有了一个良好的开端。

你为孩子设定的每日任务，必须坚持让孩子认真完成。如果你为孩子留有讨价还价的余地，他以后就会把讨价还价视为常态。遇到特殊情况（生日派对、足球比赛、生病等），你才可以相应地调整孩子的任务。如果你老是遇到这些特殊情况，就需要提醒自己一下，给孩子的每日任务的意义何在。如果大多数日子你都能让孩子按时完成每日任务，那么你和你的孩子都将获益匪浅。

技巧与指南

- 平时让孩子什么时间睡，周末也让他什么时间睡。孩子（大人也一样）的生物钟是有规律的，不可以变来变去。
- 在保障孩子睡眠充足的前提下，夏天时可以适当地把孩子的入睡时间向后延。但他每晚都应该在同样的时间入睡。如果你无法做到这一点，孩子就会无休止地与你讨价还价，反而会助长孩子的坏脾气。
- 对学龄前的孩子来说，分角色扮演的方式能帮助他更好地理解自己的任务。他在完成任务时可能很喜欢让你（或蜘蛛侠）陪着。
- 事先和孩子一起练习一下他需完成的日常任务，之后就不要再去唠叨他了。如果你要开口，只可以说："你下一个任务是什么？"

Q&A 我的儿子才3岁。他在很多日常任务上都需要我的帮助，我该如何给他设定任务？

检查一下你为孩子定下的日常任务，确保它们是合理的——年幼的孩子能做的事很有限。你可以借助彩色图画来引导孩子。请利用前面介绍的“掌控环境”的方法创建一个儿童友好型的家庭环境，让孩子能轻松地拿到自己需要的东西，耐心地同孩子一起多练习几次。如果孩子对某项技能还不是很熟悉，一定要花点时间为孩子做一些培训。如果他依然需要帮助，那么你需要暂时免除他做这些任务的责任，并利用本书第三章和第四章介绍的方法增强他的信心，调动孩子的积极性。

良好行为养成术 10：同情与感恩

你的孩子现在已经能帮你做家务了。这很棒！但你还需要让他在做家务的时候不再抱怨、唠叨、诉苦。而且说实话，这能全怪孩子吗，谁乐意去清理地板呢？当然，你可以选择对孩子的抱怨直接无视。但如果孩子这么做只是为了释放一点压力，那么你可以利用“同情与感恩”的策略让他理解这一事实，即他的辛勤努力对你而言十分重要。

借助这一方法，孩子不仅能获得因帮家人做事而产生的自豪感，也能摆脱自己的负面情绪。如果你能对孩子付出的辛苦予以认可，并对孩子给你的帮助表达真诚的感谢之情，孩子将不再逃避自己应完成的任务，并能因此而获得积极的情感，如完成任务的自豪感。

实践篇

“同情与感恩”的方法很简单，但它能让你的孩子用与以往不同的眼光看待自己的日常任务。在运用这一方法时，你首先需要对孩子的付出表示同情，之后要评价一下孩子所做的贡献。让我们来看一个例子：

你要求安吉丽娜把家里的百叶窗和吊扇全都擦一遍。她别提有多不情愿了，但最后还是拿起了掸子开始干活儿。她很快发现一切都太高了，她不得不满屋子拖着一把梯凳工作。由于必须伸长胳膊去够很高的地方，很快她就变得不耐烦。又过了一会儿，她就抱怨说："我讨厌擦吊扇，我的鞋上都是灰！"你很清楚她是什么意思：这活儿以前都是你干的！但你同样清楚，她已经不小了，完全有能力完成这类任务。你没有必要帮她的忙，但你可以对她表示同情："我知道，我干活儿时也讨厌灰，唉！"然后要赶快说出你的谢意，"我非常感谢你的帮助。我忙着在庭院里种植物和擦玻璃，顾不上去擦吊扇。幸亏还有你及时清理灰尘！"

这样一来，安吉丽娜便会明白你很在乎她的劳动。她同样也会明白，自己的直觉是正确的：擦百叶窗和吊扇的活儿确实不怎么样，但至少她的辛勤劳动能得到你的注意和感谢。

技巧与指南

- 在你需要孩子帮忙时，这一方法也能派上用场。例如，你可以说："我知道整理食品柜不轻松，但我需要你的帮助，非常感谢！"
- 在遇到比较有难度的任务时，你可以在旁边跟孩子聊聊天，讲讲你小时候自己为储藏间刷漆，把自己弄得从头到脚一身油漆的经历。这不仅有助于打发时间，还能让孩子懂得，他并非人类历史上第一个要完成某项任务的人。

- 如果在你表达了对孩子的同情和感谢后，孩子依然喋喋不休，你就该无视他们了——冷静地离开。这样你的孩子就会明白，拖厨房的地板并不是他向你大吐苦水的机会。

Q&A 每次我想让孩子干点儿什么的时候，我都要借助这一方法吗？

不用。但你始终应该跟孩子说声“谢谢”。

Q&A 如何应对孩子的抱怨、哭闹、指责和他故意做出的闹剧？

要想有效地减少孩子的抱怨，以下就是具体的方法：

行为	方法	如何实施
哭闹、抱怨	避免给予孩子不必要的关注	一定要事先告诉孩子，你不会理睬他的哭闹。还要让他明白，“我不会仅仅因为你不愿意干活儿就改变自己的主意”。
跟你讨价还价	“问与答”	如果你的孩子试图说服你替他做家务，直接拒绝。然后利用“问与答”的方法引导他制定完成任务的具体步骤。
跟你争吵，试图激怒你	“驶出飓风区”	别忘了，一个巴掌拍不响。降下你的船帆，飓风很快就会平息。

第四章 摆脱过度控制的怪圈

引子

孩子的事谁说了算?

4月，阴雨连绵的一天。艾丽陪奶奶在商场里逛了好一阵子，挑了一些夏季的衣服。她现在就想穿上奶奶刚给她买的淡黄色连衣裙，她的妈妈指了指外面说："你现在还不能穿新衣服，外面的泥水肯定会把它弄脏的。"但艾丽不想穿妈妈递过来的牛仔裤和T恤。她说道："那件衣服是奶奶买给我的，我现在就想穿！"她还发起了脾气。但妈妈亮出了王牌："好吧！如果你非要穿，接下来的一星期你就别想看电视。"艾丽抱怨、瞪眼，但最终还是屈服了。妈妈赢得了最后的胜利，她不仅拯救了艾丽的新裙子，也明确无误地告诉艾丽，控制权在自己这里。

这个例子与控制有关。艾丽的妈妈显然不想让艾丽的新衣服被泥水弄脏，但艾丽并不乐意仅仅因为自己年龄小就被别人管着，她觉得自己的事应该由自己控制。对独立自主的渴求不仅是人类与生俱来的特性，对孩子而言，更是一种积极的愿望。事实上，孩子整个青少年时期的意义就在于获得独立。但我们略微一疏忽，就可能轻易地剥夺孩子的自我管理权，而这会导致一系列问题。

控制权是父母与孩子之间大多数争执的根本原因。父母常常觉得自己有一堆理由去控制孩子的生活，但这样对孩子的成长真的好吗？

我们应该给孩子理应获得的东西：适合其年龄的活动、正能量、一定的控制权、尊严和尊重。这也是克服孩子自以为一切都理所应当的心理的最佳策略之一。如果我们能给孩子更多他应得的东西，那么他就会更少地要求他不应得到的东西。孩子拥有的与自己年龄相称的控制权越多，就越会懂得如何下决定及承担责任——事事都依赖父母的心理也就越弱。

这不是说应该让孩子成为家里的小暴君。家里该买什么车不应由孩子决定，但你可以让孩子决定买哪种麦片做早餐，或吃零食之前还是之后再做家庭作业。这能充分满足他想获得控制权的心理需要。相反，如果孩子感到自己连选择早餐麦片或何时吃零食的权利都没有，就会借助消极的方法来满足对控制权的追求，因为他知道这样能激起父母的怒火。

当我们想控制孩子时，无法真正地控制他们。阿德勒心理学派在控制权的问题上能给我们一些启示。这一心理学派认为：

- 我们无法真正控制另一个人。
- 我们能控制的只是自己和周围的环境。

我们试图控制孩子时所遇到的问题在于，大权独揽的结果只能让孩子抗拒我们“教化”他的努力。但赋予孩子一点点自主权却很有用，这样一来，你是在满足孩子与生俱来的心理需要，而不是剥夺这一需要。

我们无法控制自己的孩子，但可以控制自己对孩子的反应，可以控制家中的环境。这也是本书所有方法以及它们能获得成效的基础。认同这些原则是创造有利于孩子成长的家庭环境，帮助孩子获得自由的第一步。

你也许会想 ：“等一下。孩子想干什么都行吗？这岂不是助长他们的自私心理？”我当然不是说你应该成为孩子的仆人，事实上，你也不应该。制定规则的人依然是你，而且你也有办法让孩子遵守这些规则。但在某些有商量余地的事情上（例如几点睡觉、几点回家、应该做哪些家务、在卧室里可以做哪些事情等等），你可以创造机会，让孩子试着学会管理自己的生活。别忘了你的长期目标是培养坚韧、负责、不自私，能在日益复杂的成人社会中获得成功的孩子。

本章会让你明白为什么现在流行的，对孩子完全放任不管的育儿方式靠不住。并将为你提供一些既能满足孩子对独立的追求，又能防止他们任意胡为的方法。

良好行为养成术 11：给孩子自由选择的环境

尽管有些父母仅仅为了满足自己的控制欲而控制孩子，但多数父母控制孩子的出发点都是好的：为了避免孩子因错误的决定而招致不利后果；为了替孩子省些力气；为了确保孩子能顺利完成任务。总之，我们希望孩子按我们的方式去做事。但我们时不时地唠叨和提醒就是我们“过度控制”孩子的一种方式，因为我们是让孩子去做他不想做的事。（“把餐巾纸捡起来。”“你的项目完成了吗？”“去同学家过夜别忘了多带几双袜子！”）有时候，这种命令、纠正和指导是必要的。但如果我们不加注意的话，这些出于好意的言语也会让孩子感到痛苦、沮丧。

艾丽生日那天，得到了她梦寐以求的礼物：一辆印着精美图案的带辅助轮的儿童款自行车。她迫不及待地想试骑一下自己的新自行车。于是她在爸爸的帮助下戴好头盔，就在她准备骑车时，爸爸说：“等等，我们得把车弄到外面！”于是这对父女笨手笨脚地把自行车抬到了车道上。艾丽刚把腿跨过车座，爸爸又说道：“孩子，你没有多少骑自行车的经验，还是让我来先教教你吧。”于是爸爸把自行车把和刹车的作用都给她讲了一遍。之后，艾丽才重新跨上她的新自行车。

这时爸爸又提醒道：“艾丽，车座可能有点高了，让我来帮你调调。”等他调好车座，艾丽已经有点不耐烦了，她跳上自行车，准备开始骑。

“等等，让我们换个方向，那边石头少一些。”爸爸建议道。艾丽大声叹了一口气，在爸爸的帮助下掉转车头，准备开始自己的第一次自行车之旅。

这时爸爸又说道："你不想骑车的时候穿这种裤子吧？它看起来不太适合骑车穿。"这个建议让艾丽十分恼火，但她还是回屋里换了条裤子。

回来之后，她再次准备开始骑车。爸爸又担心地说道："让我握着你的胳膊，这样你就不会掉下来了。"爸爸把艾丽放到了车上，但艾丽生气地把她的手臂拉开了。

现在，艾丽终于要练习第一次骑自行车了，她只想赶紧骑到离爸爸远点的地方。

艾丽的爸爸一点点地剥夺了她头一次独立骑车的机会，还沉重地打击了她的地位感。当艾丽内心的地位感被削弱时，她就会展开反击——我们不都是这样吗？当孩子的脾气爆发时，不会跟你说："妈妈，我很感谢你的帮助，但我觉得自己能整理房间了。请你先放一放手中的活儿，我们可以谈谈这件事。"他发起脾气来声调至少要比这尖锐得多，而且不会考虑你是否方便，哪怕你正为感冒所苦，或正在与地球另一端的同事进行电话会议。

要避免对孩子的过度控制，最简单、最有效的办法就是尽可能让孩子自由决定。如果你觉得自己的孩子很难管，可以在接下来的几周或几个月里制定一些规则来约束他的行为。很快你就会发现，在一些重要的事情上，你会重新获得掌控权。随着孩子渐渐形成良好的行为习惯，你就可以在那些不需要管控的事情上把自主权交给孩子了。这不仅能使他获得充足的地位感，更能锻炼他在真实世界中的决断能力。

对孩子的放权可能意味着你需要让孩子承担更多责任，也意味着不要对孩子的选择、做事方式和行为过于吹毛求疵。举例来说，如果你的孩子在用小吸尘器吸地时，本该10分钟就能完成的工作足足用了30分钟还没完成，你可以温和地对他说："我们家还有一个比较大的吸尘器，如果你愿意的话，可以去用它。"

确保交给孩子的自主权是适度的。别在人多的时候让自己精力旺盛的孩子去推购物车，但你可以让他自己挑选喜欢的儿童牙膏，哪怕他挑的牌子不是你喜欢的。

这也正是"给孩子自由选择的环境"这一方法的意义所在。它能帮助你合理地根据孩子的年龄，提供自主选择的机会，从而在充分满足孩子对地位感的追求同时，有效地培养他的决策能力。

何时放权？何时收权？

了解孩子对自主权的心理需要是一回事，而懂得何时放权、何时坚守界限又是另一回事。

- 决不能允许孩子故意毁坏东西或伤害别人。孩子这么做就是触碰了底线，你应该立刻阻止他，并弄清楚孩子为什么要那么做。了解了原因之后，才能对症下药。
- 孩子只能控制自己，不可让他去控制别人。让你的孩子明白，他既不能盛气凌人地对待你，也不能那样去对待他的朋友。如果他们还是不改，你可以以合理的方式收回某些自主权。
- 不能让孩子过分地追求自主权。如果他认为自己随时随地都能得到想要的东西，你需要借助其他方法来纠正他的自私心理。

孩子对自主权的追求是他成长过程中非常重要的一部分。如果你能随着孩子年龄增长越来越多地将自主权交给他，你就能看着孩子一点点地成长为一个负责任的成年人。尽管你很想在孩子该如何洗碗碟、穿什么样的衣服、交什么朋友等方面占绝对主导权，但让孩子独自获得成功的能力不是更有用吗？

实践篇

让孩子自由选择，就像让 4 岁的孩子自己选择吃什么零食一样简单。在实际应用中，这方法有无数种形式。比如，你可以问孩子："你想穿印有太空飞船的睡衣还是印有恐龙的睡衣？""你想如何庆祝自己的生日？"如此等等。努力想一些孩子乐意做选择的事项，日常生活中的决定也好，各种大小事项也好。在你运用这一方法的过程中，你会发现越来越多可以让孩子自主选择的机会。

事实上，父母往往会发现，这一方法最难的地方在于接受孩子选择的结果。你可能不得不看着孩子穿着花花绿绿的衣服出门；当你想吃泰国菜时，孩子点的偏偏却是墨西哥玉米卷。

如果你不习惯一下子给孩子太多自主权，可以先从小事开始。试着一天只让孩子自由选择一次，然后逐渐尝试让孩子在一天中尽可能多地自主做出选择，以充分满足他的地位感。如果家中不止一个孩子，那么让所有孩子轮流决定某些家事安排（例如今年春天家中该种什么花）。

当然，不能让孩子凌驾于我们，我们也不需要所有事情都与孩子商量。但越是能给予孩子一定的主导权，他不知道该如何选择的时候就越能配合我们。

技巧与指南

- 年龄较小的孩子只能从两个选项中选择一项，而青少年则能从更多的选项或开放式问题中受益。
- 仅在你能应付孩子的选择时，才把答案设成开放式的。“我们应该买橙汁还是买苹果汁？”就比宽泛的“我们该买什么果汁呢？”更容易回答。
- 对于较为重大的决定，给孩子一些思考的时间。如果你问16岁的儿子，如果今年夏天跟家人一块出去露营，去哪个国家公园比较好？在他回答这个问题之前，你可以给他一些公园宣传册或跟他一起浏览一些国家公园的官网，以帮助他做出更好的选择。
- 当孩子面对一天中最为抗拒的某些任务时，你不妨主动提出一些选项，以分散孩子的注意力。例如，当孩子需要洗头发时，你可以说：“我帮你擦洗发水，还是你自己来？”当孩子该擦地板时，你可以说：“你打算吃饭前擦地还是吃完饭再擦？”到了该睡觉的时间，你就可以对他说：“熄灯前你想在客厅看一会儿电视还是在卧室看书？”
- 记住这个方法不仅是为孩子设计的，也是为你设计的。把自主权交给孩子，既需要练习，又需要勇气。先从孩子能把握的简单事情开始，然后再逐步把更多责任交给孩子。

Q&A 我的孩子总是要花很长时间才能做出选择，我没有足够的耐心怎么办？

这一方法之所以美妙，部分原因就是它能让你的孩子得到大量的机会练习如何去做决定。而孩子练习得越多，就越能更快地做出决定。你可以试着为孩子的思考设定时间，例如，我需要你吃晚餐前做出决定。或者把需要孩子决定的事情提前告诉他，特别是需要花点时间思考的事情。但如果你的孩子连穿哪件内衣这样的小事都要花上 10 分钟来考虑，你可以直接对他说："看起来你不知该怎么选什么才好。这次我先替你决定吧，明天你再自己决定。"务必说到做到，下次你就不会再遇到这样的问题了。

Q&A 当孩子不喜欢我提供的选项时，就会拒不做出选择，这时我该怎么办？

正如刚才所说的例子，遇到这种情况，请直接说："看上去你很难现在做出决定，那么我来替你选吧。"你也可以用"只有……才能……"的方法去帮助孩子完成任务，特别是孩子一再抗拒做某些事情的时候（例如拒绝写作业）。孩子的抗拒态度说明你可能需要以其他合理的方式满足他对地位感的需求。请继续创造机会让他在自己感兴趣的事务上练习自己做决定，与此同时，请积极利用本书中介绍的"身心灵时间""做点家务”“同情与感恩”等方法充分满足孩子的心理需求。

> 总之，孩子善于做决定的能力是从练习做决定中学会的，而不是从听话中学会的。如果我们希望孩子能承担起创造更美好的世界的责任，那我们首先应该赋予他们责任。
>
> ——奥菲·康恩，《“小皇帝”的神话》作者

孩子能做出哪些决定？

在理想情况下，孩子对自己生活的自主权及承担的责任应逐年增加。下面提供了一些适合不同年龄段孩子的选择事项，供你参考。这些内容属于“给孩子自由选择的环境”的一部分。当然，这只是一个开始，因为在实际应用时，它可以有无数种形式！

年龄	孩子有能力自主选择的事项
2岁	麦片类型（给孩子两个选项）；浴巾的颜色；睡前读物。
3岁	穿哪件衬衫；在商场里买哪种饼干；画画还是玩橡皮泥。
4岁	给朋友买什么生日礼物（给孩子两个或两个以上选项）；邀请谁参加游戏或聚会；选择什么样的健康零食。
5岁	每周为家庭晚餐选择哪些蔬菜；擦书架还是摆餐桌；在院子里玩还是在地下室玩。

（续表）

年龄	孩子有能力自主选择的事项
6 岁	校园午餐带什么（带的食物要符合卫生标准）。
7 岁	泡澡还是淋浴。
8 岁	安排家人的夏季度假活动（预算和时间要在可承受的范围内）。
9 岁	在早上洗澡还是睡前洗澡。
10 岁	学习哪种乐器。
11 岁	周六是跟家人一块去看电影还是游泳。
12 岁	班级旅行时要不要叫上父母一块去。
13 岁	全家人外出度假时做什么活动（要在预算范围内）。
14 岁	用零用钱投资哪只股票；养什么（须在笼中饲养的）宠物。
15 岁	几点上床睡觉；暑假时参加什么志愿活动。
16 岁	暑假以哪种方式打工赚钱；拜访哪所大学。
17 岁	申请哪所大学。
18 岁	就读哪所大学；选择使用哪种交通工具；选择在哪里居住。

良好行为养成术 12：你的计划是什么?

当你忍不住想对孩子大吼大叫的时候，这个方法能帮你的忙。它能让孩子主动做事，而不必对孩子唠叨、提醒（或大吼大叫），它也会让孩子明白你对他的能力有足够的信心。

通过问孩子“你的计划是什么”，你不仅能保留孩子的尊严，更能督促他们独立完成任务。这样一来，孩子也不会因为你事事都为他代劳或干脆不让他做事而形成将一切都视作理所应当的自私心理了。同样的，这一方法也能避免你对孩子过度控制的行为，如不断地提醒他、强制要求他按你的话去做或毫无必要地对他呼来喝去等。而当孩子能自行承担责任并实现目标时，他的地位感也将得到充分满足。

实践篇

假设你的儿子第二天就要交西班牙语作业而他还没有完成，此时他却在后院里踢足球，你可以平静地对他说：“你打算如何完成你的西班牙语作业？”

只是简单地提及这个计划就可能触动他，没有必要用令他厌烦的方式去唤起他的记忆。当然，孩子也可能直接跟你说“我不知道”。如果是这样，你可以问问他想不想确定一个计划。这两种方式都能让他很快地放下足球，去完成西班牙语作业。

技巧与指南

- 切勿每隔 5 分钟就使用一次这种方法，尽管你很想这么做。否则你就会走向这种方法的反面：不停地唠叨和提醒。在督促孩子做某项任务时，这种方法只能使用一次。一天之内这种方法最多两次。除非特别需要，否则不要轻易动用这种方法。
- 允许孩子提出自己的计划，即使你很清楚他的计划行不通。让孩子把这些计划当成学习的机会，当他的计划失败时，帮他重新制订新的计划。
- 当你不得不直接提出自己的建议时，语气要平静、温和，把孩子当成一个同事。当然，跟孩子交流时你也无须小心翼翼。这一方法设计的初衷就是避免与孩子交流时因沟通不畅而导致争吵升级。
- 如果你的孩子有一堆作业没做，而他却一再拖延，那么他就需要坐下来完成自己的作业。这时采用这种方法，能以温和的、不让孩子反感的方式提醒孩子承担自己的责任。
- 如果孩子只是怔怔地望着你什么也不说，你可以主动为他提供一个选择，例如："你想现在就完成你的西班牙语作业还是晚饭后再做呢？"
- 很多家长会在孩子交作业的前一天使用这一方法，但别忘了，你同样可以借助这一方法帮孩子确立正确的方向，或在他着手进行任务时督促他不断进步。如果他需要在周五完成画一幅河狸透视图，你不妨在周二或周三就问问他打算如何完成。

Q&A 当我询问孩子有何计划时，他对我总是不理不睬，怎么办？

当孩子正在专心玩电脑游戏或进行其他活动时，使用这一方法显然不够聪明。你可以先对他说："我能跟你聊聊吗？"以此来转移他的注意力，然后再询问他的计划。这样一来，他给你积极回应的概率就高些。别忘了，与孩子对你的回应和他的具体计划相比，更重要的是让孩子明白，你不会任由他推卸自己的责任。

Q&A 我的孩子会骗我说他的任务已经完成了，而实际上并没有，我该怎么处理这种情况？

如果你的孩子坚持说他已经把屋外的所有玩具都收拾好了，而很显然他并没有收拾，你可以告诉孩子，你明明看到汽车道上还有一个滑板车，庭院里还有未清理的粉笔涂鸦，一堆小水桶和小铲子都没收进盒子里，以此来让孩子明白这些并非一时疏忽。不要指责，只需把事实告诉孩子。这么做足够督促孩子动身去制订计划或采取行动了。

在某些情况下，你不妨由着孩子拖延，让他自己承受截止日期已到却还未完成项目的自然后果。或者你也可以利用"只有……才能……"的句式提醒孩子。放权给孩子也意味着让孩子在拥有自主权的同时，也去自行承担后果。

良好行为养成术 13：邀请合作

下午 5 点，百货商店里人头攒动。你本来不打算在接孩子回来的路上去购物的，但最后你还是去了。你的两个孩子，一个 8 岁，一个 4 岁，为了让购物之旅顺利一些，你让他们每人都为家里的食品柜挑一样健康零食。他们告诉了你，你把他们的选择记了下来。

接着，你让两个孩子各选一样任务，8 岁的孩子说他愿意把挑好的东西放进购物车，而 4 岁的孩子负责把已找到的物品从购物清单上划掉。他们为自己的工作忙得不可开交—— 一边把盒子和罐头在购物车里码放整齐，一边大步走向蔬菜区，而对摆放在货架上的甜甜圈看都不看一眼。

排队结账时，你问 4 岁的孩子有没有漏掉什么东西，他看了看购物清单，之后便自信满满地对你说，该买的一切都买了。然后你又问 8 岁的孩子能不能像往购物车里码放东西一样，把买下的物品在收款台传送带上也码放整齐。他接受了挑战，并且把本来想买的糖果忘得一干二净。他的心理需求得到了充分满足，因此他并不需要跟你吵架。与此同时，你让 4 岁的孩子从绿豌豆和西蓝花里选一样作为晚餐芝士汤的配菜，并答应到时让他按下微波炉的按钮，亲自烹饪他挑选的菜。

终于，你结束了这次的购物之旅。你的孩子也感到自己更像是个能为家庭做贡献的人，而不是小小的麻烦制造者。当你到家后让他们帮你拿东西时，他们不但不会抗拒，反而很乐意帮忙。

这只是通过给予孩子一定的自主权帮助他养成良好习惯的简单例子。

如果把这个例子乘以你日常生活中需要面对孩子的所有尴尬时刻，你就会发现，尽管短期来看，给孩子一定的自主权需要花费你一点时间和精力，但这么做的回报是，你不用因为琐事而与孩子争吵。

谁也不想整天被别人呼来喝去，但有的时候，我们确实需要让孩子及时收拾被子，帮我们打包家庭野餐所需的食物或清理汽车道。有时，我们能否得到孩子的（顺利）配合仅仅取决于我们发问的方式。这里介绍的“邀请合作”的方法能让你在对孩子提出要求的同时，又充分满足他对自主权和归属感的心理需求。这样你既能从孩子那里得到帮助，又能避免助长他的依赖心理，而你的孩子也不会觉得你唠叨。

实践篇

当你想赶快把野餐所需的食物都打包好，以便能安心坐下来欣赏即将开始的比赛时，你可能会忍不住对孩子大吼大叫，让他行动起来。但这种方式很快就会让局势更加恶化，想必你对此也深有体会。相反，“邀请合作”则能调动起孩子的自主性。你不妨改变一下自己的语气，把自己的要求转换为有礼貌的请求，例如，“宝贝，我一个人准备野餐所需的一切有点难，你能帮我个大忙，把野餐食物打包好并放到车上去吗？”这样一来，你的孩子很可能更愿意帮你用坚果酱涂抹面包或把折叠椅搬到车上去。

正如你请朋友或同事帮忙时那样，请孩子帮忙时也要以尊重而友好的方式提出要求。

如果孩子答应了帮你的忙，对这件事也无须看得太重。你 10 岁孩子的帮忙方式或许并不如你期望的那么完美，对此你要有充足的心理准备。例如，为了迎接奶奶的拜访，他会去擦浴室的墙，但可能只擦下半部分而不擦上半部分。如果你要做的事需要相对复杂的技巧，就不适合使用这一方法。你也不可以故意利用这一方法来操纵孩子——你的求助必须是真切的，要孩子帮忙做的事同时也应该是他感兴趣的。你越能在他认为合适的事情上让他帮忙，他将来就越乐意帮你的忙。

一定要对孩子的帮助表达谢意。你可以说："真的很感谢你能花时间把庭院里的家具冲洗一遍，今天你帮了我一个大忙！"如果你能借助"邀请合作"的方式请孩子帮你的忙，并在事后对孩子表示真挚的感谢，就能在完成自己任务的同时，又充分满足孩子所渴望的地位感。

技巧与指南

- 这一方法在应对不常见的中型或大型任务时最有效果。如果你每次需要倒垃圾时都用这种方法来支使孩子，那么孩子最终会不再理你。
- 跟孩子一块工作时，设法让氛围轻松愉快一些。通过把任务变成充满趣味性的挑战来调动孩子的积极性——设定目标就是一个好方法。例如对孩子说："你觉得我们能在妈妈回家前把所有的花都种好吗？"或者："让我们把游泳所需的一切都放进一个大袋子里吧。"

- 始终要记住，无论何时，只要你一开始对孩子发号施令、唠叨、呼来喝去或吹毛求疵，孩子就会与你产生隔阂。不要在你们的关系充满压力时使用这一方法。
- 即便家中只有一个孩子愿意帮你，你也要设法把任务变得有趣一些（而不要给别的孩子施加压力）。这样下次你或许就能得到更多帮手。
- 你可以与配偶、朋友和亲戚一起，提前为运用这一方法创造相应的环境。一定要事先将你的计划告诉其他的成年人，然后在跟孩子一起清扫家具或为度假而收拾行李时，尽量玩得开心一点！

Q&A 我的孩子总是只帮我一小会儿就半途而废，我该怎么让他坚持下去？

孩子对地位感的需求越能得到充分的满足，就越能坚持完成任务。试着为孩子找一些既有意义又不是很难的任务。如果需要，请给他留出一定的休息时间。如果孩子已经明显没有精神再继续下去——也许任务过于复杂，他已经尽力完成了所能完成的工作——这时最好让他离开，并对他表达谢意："谢谢你的帮忙。现在我要完成这项任务就轻松多了！"这样他离开时，才能将帮助别人视作一件积极而有益的事。鼓励孩子尽自己最大努力去做好一件事，而不要太在意结果。

良好行为养成术 14：说服我

所有孩子对独立自主的追求都是强烈的，青少年时期尤其如此。在他们迈向成年、迈向真正独立的过程中，他们往往会请求去做一两年前完全不可能做的事："我能自己过马路吗？""我能自己滑下那道雪坡吗？""我能跟朋友一块去某家折扣店吗？它在另一个城市，但离家只有一小时车程。"身为父母，我们很难回答这些问题。因为长久以来我们已经习惯为孩子做主，事事管着孩子，以保证孩子的生活顺利。"说服我"是由《正确养育青少年》一书的作者玛德琳·斯威夫特发明的一种育儿方法。在你试图与孩子做朋友时，这一方法十分有用。哪怕你心里说的是"门儿都没有！"你至少也应该给孩子一个机会，解释一下为什么你不该断然拒绝他的要求。这种方法能让双方更为心平气和地探讨问题。

"说服我"是自由与责任的结合。如果孩子能证明他有能力驾驭他所要求的自由，他就能得到你的许可。否则，他得到的依然是拒绝。

实践篇

斯威夫特建议，当孩子向你要求更多自由的时候，你可以从"行""不行""说服我"这三个选项中挑一个来回答孩子。如果你觉得可以答应孩子的请求，就回答"行"。如果你有所顾虑但又觉得孩子的要求确实有合理之处，请不要直接拒绝他，而是说"请说服我”。这能促使你的孩子以安全的、守规矩的方式去做他自己想做的事。

然后对孩子谈谈你的关切，告诉孩子为什么你觉得他的提议不好，并将你最放心不下的地方讲给他听。

在孩子陈述其要求为何可行的过程中，你需要以开放的态度倾听。如果你觉得孩子提出的方案切实可行，可以补充一些基本的规则和条件，然后让他放手去做。但如果你觉得风险太大或孩子显然不具备做某些事的能力，则可以拒绝他，等过几个月或一年后再来谈此事。

让我们通过一个具体的例子来看一下如何运用这一方法：

凯迪斯问你，她能否和同学们一起去校外吃午饭，你的第一反应当然是“不行”。午餐时间只有 40 分钟，跟一帮朋友开车去校外太不安全了，她们不可能不在路上飙车。此外，要去校外就餐还得左转进入一条车流繁忙的道路，而且在校外就餐很贵。但你还是决定让凯迪斯用“说服我”的办法陈述她的理由，而不是断然拒绝。

凯迪斯的回答是这样的：我们一周只出去两次，午餐费由我自己来出。我们外出时，车里不会超过三个孩子。我们只会在离学校不超过 3 公里的地方吃饭。我们会随身带着手机，并始终保持手机开机。万一遇到了什么意外状况，我会及时跟你和校方联系。我上学一向都很准时。我开车时很谨慎，从未因超速被罚过款。

现在你被说服了吗？听了凯迪斯的陈述，你或许会改变主意。因为凯迪斯已经充分考虑到了你关心的问题。你或许还会做些补充，比如下雪天不许开车出去，或许还会告诉她，如果她回学校迟到了怎么办（一个月内不许再离校就餐）。

最终，凯迪斯得到了你的许可，而你也可以放心了。不仅凯迪斯的地位感得到了充分满足，更重要的，她也懂得了负责任地使用自主权的宝贵意义。

如果凯迪斯的计划一切顺利，你可以考虑将来赋予她更多自由和责任。否则，她就会失去你的信任，并将需要设法重新赢得你的信任。

技巧与指南

- “说服我”的方法不是也永远不该是孩子哭闹或纠缠你的借口。因为孩子哭闹的目的只是摧毁你的耐心。只有当孩子经过认真思考提出了足够合理的理由之后，你才能同意他的要求。
- “因为我真的想要，而且别人已经有了”不应该成为理由。
- 记住，应该让孩子来说服你，而不是相反。当你允许孩子提出自己的理由而不是一手包办时，这一方法才能发挥最佳功效。
- 可以给孩子一点时间思索理由。问问孩子：“要不要给你点时间想一下？”提示：你甚至可以把自己最关切的点都写下来，以帮助孩子更充分地解答。如果孩子能成功地说服你，那么对双方而言都是最好不过的事。

- 给孩子一定的“试验期”。这是判断孩子是否有能力从事某件事及发现潜在问题的好办法。

Q&A 我无法保证孩子遵守规则和/或安全无虞怎么办？

如果你的孩子的确缺乏责任心，无法遵守自己提出的规则，那么你应该拒绝他，并设法以积极的手段提升他的责任感。“培训时间”“只有……才能……”以及“给孩子自由选择的环境”等养成术都可以切实提高孩子的责任感。安全问题也是一样：你可以给孩子一些指导，但放权给孩子也在一定程度上意味着让孩子独自去闯荡。当你的孩子接受了一定程度的训练，也拥有相关的工具和技巧，并具备了相应的身体素质之后，或许就应该放手让他自己去闯了。如果你想亲自看一下孩子的计划是否可行，可以考虑给孩子一段时间的“试验期”。在这期间，你可以陪着孩子，以便发现潜在问题，并为他做出最合适的选择。

良好行为养成术 15：你能做什么？

一直以来，你总是告诉孩子，无论遇到什么事，他都能向你寻求帮助，对吧？但有时候，他对这一许诺的理解难免有点过头。“我手指头上有根倒刺！”“弟弟老是烦我！”“我很害怕去地下室，因为我听到里面有响声，可能有只老虎躲在里面等着吃掉我！”如果这些话让你觉得像是出自自家孩子的口中，那么“你能做什么？”的方法对你而言堪称经典解决方案。这一方法能将本属于家长的某些责任和自主权移交给孩子，并让孩子明白，他有能力掌控（或至少影响）自己面对的局面。你的孩子将不再一味把自己当成客观条件的受害者，也将不再永远等着爸爸妈妈来改善局面。这并不是说你不需要为孩子提供支持，而是说这一方法能提升孩子的地位感，并促使他承担起自己的责任，学着自主解决问题。

实践篇

如果孩子对任何事都有不满情绪，你只需简单地问：“你能做什么？”然后认真听听孩子的回答。

举例来说，5 岁的艾丽很害怕晚上一个人睡，要么就是衣橱里躲着怪物，要么就是打雷或电视上狰狞的鲨鱼吓得她睡不着。她的妈妈总忍不住要跟孩子讲道理：世界上根本没有怪物；打雷伤不到你；鲨鱼在地毯上无法生存，而且我们也不会放鲨鱼进屋子。但妈妈知道这其实没什么效果。于是妈妈只能躺在艾丽的身边直到她睡着，而她永远会感到害怕。

其实艾丽的妈妈应该在适当的时候问问她："你怎么做才能不那么害怕？"她或许会说开着灯睡觉，把门留一条小缝，或者画一幅她的自画像挂在墙上，以吓走鲨鱼和怪兽……只要是她的主意，就一定管用，不是吗？试试她提出的方法，假设她的方法是合理的。她一定会很乐意用自己的方法去解决问题。这样一来，艾丽会因为独立解决了一个问题而感到自己特别厉害，而你也可以再次享受属于自己的夜晚。

你可以借助这一方法应对孩子面对的各种挑战，例如：

- 当我把你送到幼儿园后，有什么办法让自己不那么想家？
- 当你被哥哥嘲弄时，你该怎么办？
- 在限制使用任何电子产品的时段，你会怎样打发时间？
- 如果一直待在沙发上让你不快乐，你有什么办法让自己快乐一点？
- 当众演讲前，你有什么办法消除自己的紧张情绪？
- 如果在你家玩秋千时，邻居家的小孩老是不让你玩，你该怎么办？

这一方法能为孩子带来自信。孩子再遇到问题时，一开始就会想该如何去解决它，而不是立刻向你求救。

技巧与指南

- 你可以从孩子还很小的时候——三四岁左右——就开始对他使用这一方法，并一直延续到孩子成年。
- 向孩子强调负面情绪其实也没什么，所有人都有害怕、沮丧和愤怒等情绪，但我们可以积极应对这些负面情绪，改善我们的处境。
- 不要过多关注孩子的恐惧、焦虑等负面情绪，因为这只会强化由此引起的负面行为。在艾丽的例子里，虽然父母应该留意她的焦虑，并简短地安抚她说“你很安全”，但随后便应该迅速把焦点转移到如何解决问题上。
- 当你第一次问孩子“你能做什么？”时，孩子可能只会茫然地盯着你或者回答“我不知道”，你可以向孩子提供若干建议，但不要直接告诉他该怎么做，也不要刻意引导他。
- 表达你对孩子能独立解决问题的信心。
- 为孩子提供与年龄相称的支持，但不要代劳。
- 要有耐心。孩子可能需要一段时间才能独自驾驭自己面临的新情况，特别是如果过去孩子一直依赖你的解救，坚持下去就有积极收获。孩子将从中汲取力量，进一步增强自己独立解决问题的能力。

Q&A 有时孩子提出的解决方法行不通，他会为此感到沮丧，并拒绝再次尝试，我如何鼓励他？

首先，给孩子一点时间和空间让他冷静。也许第二天一早醒来后，也许在后院跟朋友们玩一会儿之后，他便能以更积极的眼光去审视面临的问题了。然后，请他说说自己为何沮丧，但不要在这一点上花太多时间。如果有必要的话，帮他回顾一下过去他成功地解决问题的经历，也回顾一下那些很努力才最终实现目标的经历。然后温和地问他现在有什么解决问题的办法，如果他还是有点犯愁，你可以给他提供一些建议，但最终还是要让他自己决定。当孩子很疲惫或一再失败时，可能需要你的额外帮助。例如，如果别的孩子在学校老是欺侮你的小孩，而他已经为了阻止此事用尽了一切办法，这时你或许就应该出面向老师了解更多情况，并帮他拟定相应的对策了。如果问题依然存在，那么这一情况可能已经非孩子一人所能应付，这时你需要考虑其他的手段。

良好行为养成术 16：家庭会议

相信很多家长都遭遇过孩子的坏脾气——顶撞家长、闹情绪、跟家长讨价还价和吵嘴等，而这往往是家长与孩子之间因争夺控制权引发的争执。比如，你的孩子吃蛋糕时把餐桌弄得脏兮兮的，你想让他把桌子收拾干净，而他却想出去玩，于是引发了激烈的争吵。他并不关心餐桌的问题，关心这个问题的是你，他只是感觉到你在试图支配他。如果孩子对自主权的心理追求已经得到了充分满足，他无须再为获得自己所缺乏的独立感而与你争执。如果他没有自主权的话，那你就等着蛋糕碎屑满屋子飞吧！

在本书的第二章，我探讨过孩子发脾气的问题。孩子的坏脾气（包括围绕着自主权与父母展开的争执及其他各种争吵）同样也是追求自主权的表现。因睡觉时间而起的争执、故意不写作业、狠狠摔门……所有这些都与孩子对自主权的追求有关，而且这往往是孩子已经无法再忍受长期被父母支配的表现。当孩子愤怒地踢沙发或摔门时，他的潜意识要说的其实是："能不能让我做一回决定？能不能让我对自己的生活有点自主权？"

当孩子对自主权的追求演变为实际的恶劣行为时，最佳策略就是不做任何回应，以此达到釜底抽薪的效果。当孩子对你说"我就是不脱鞋，你能拿我怎么样"时，一定要克制住自己，不要回以"你倒是试试看"之类的话，那样只能让争吵升级。你应该选择直接走出屋子或干脆不理不睬。孩子有权表达自己的感觉，你也有权不理他。

为了避免与孩子的争吵，你可以提早借助一些积极的手段，比如家庭会议。家庭会议能让家中每个成员在涉及整个家庭利益的事务上都有公平发声的机会，同时也能充分满足其地位感和归属感。家庭会议需要每周举行一次，每个家庭成员都要参加。但是别担心，这样的会议生动有趣，时间不长（如果有必要控制时间的话），而且非常令人鼓舞。当孩子在平时有机会为自己发声，就不会将怒火积累到爆发的那一刻。

当然，父母依然是家庭的主导者。但如果能让孩子也参与决策过程，父母的决策将更为理性。重要的是，通过这一形式，你将教会孩子如何解决问题、如何与他人合作、如何解决人际冲突、如何领导他人等技巧。不仅如此，孩子还将懂得，尽管他有发言权，有时甚至可以以自己的方式行事，但他的声音并不比别人的声音更重要。

实践篇

家庭会议既可以是简短活泼的，也可以包含很多话题和讨论。举行家庭会议时，需要全体家庭成员参加，地点应远离电视机等容易导致分心的地方。很多家庭都认为周日下午或傍晚是最佳时段，但你需要根据自己家庭的实际情况选择最合适的时间。你可以时常调整时间，但若能每周选一个固定的时间，就能使这一方法发挥出最佳效果。这样孩子就会明白，一周总有个时间和地点是属于全家人的。

在你对家庭会议的形式还不是十分熟悉时，请让会议简单些，但必须包含以下要素：

赞美与感谢

请家中的每个成员对其他成员说些温暖的话。从“谢谢你早上讲的笑话，它让我很开心”到“谢谢你这周帮我照看妹妹”在内的任何话都可以。你的孩子一开始可能不知道该说什么，但在家庭成员分享对彼此的谢意的过程中，你的孩子很快就会开窍，并对这一环节充满期待。

日程

每个家庭都很忙碌，提前浏览一下每周的日程表对每个家庭成员都有益处。如果你能在家庭会议上将本周的出差安排、拼车计划和垒球时间分享给大家的话，那么孩子就不会傻傻地等着你开车来接或错过游戏时间了。

零食

召开家庭会议时，准备一些特别的零食，好让会议更有趣也更郑重一些。这也能给孩子提供更多为家人做事的机会，因为他可以帮忙准备零食、分发零食或做事后清理的工作。

零用钱

家庭会议是向孩子分发零用钱的最好机会。另外，也可以把它当作鼓励孩子对家人表达谢意的额外激励手段（如有必要的话）。

娱乐

这是家庭会议最好的部分：做一项全家人都能参与的有趣活动，把它作为家庭会议最后的部分。这项活动的具体时间和难度由你掌控。可以是朗读一本有趣的书，玩一个桌面游戏，甚至可以是一次散步。不管是什么，要保证家中每个人都能参与其中。

角色和任务

为了增强孩子的地位感，在家庭会议中为每个人都分配明确的角色非常重要。你可以让孩子每周轮流在家庭会议中承担组织会议、分配任务、规划日程、分发零食、准备零食、做会议记录等不同任务。就算是年龄十分幼小的孩子也能帮忙分发纸巾或确定发言者的次序，而让一个四五岁的孩子主持会议无疑能极大地增强他的自信心。

家庭会议的内容

等家中所有成员都熟悉了家庭会议的形式之后，请在会议中增加以下内容：

可供全家人讨论的话题

在家中的显著位置贴一张议事日程表，家庭成员可以在这张表上添加议题。在每周的家庭会议上对这些议题进行讨论。议题的内容如何时及以何种方式进行春季大扫除，如何接待来访的客人以及夏天度假时可以开展哪些趣味活动等。涉及家庭的任何事都可以拿来讨论。为了避免会议耗时过久，应在召开家庭会议前明确列出需要讨论的各项议题。

解决问题的方案

家庭会议是解决家中存在的问题的良机，例如托马斯老是不经允许就拿走麦琪的耳机。但孩子在倾吐心中的怨言时，需要遵守以下四个原则：

- 使用尊重的言语，不得使用攻击性或侮辱性的言辞。
- 每个人都可以发表意见，但一次只能有一个人发言。
- 在提出问题的同时也要找出解决问题的方法。
- 就事论事。如果对一个话题的讨论已经结束，那么在新的解决方案或计划产生前，就不可再对其进行讨论（这意味着大家通常要等到下一次家庭会议召开）。

虽然应该为孩子提供说出心中想法的机会，但不要仅仅停留在问题本身。相反，重点应该是解决问题，继续前行。

培训

家庭会议也是快速培训孩子生活技能的良机，例如防火知识、婚礼礼仪、如何正确地为蛋糕涂奶油等。但这种培训应该非常简短，不论你多么想教孩子如何擦洗浴室，让全家人挤在厕所看你用牙刷和清洁剂做示范都不是令人愉快的经验。

技巧与指南

- 设定一个禁止使用电子产品的时段。家庭会议和“身心灵时间”一样重要，因此务必保证每个家庭成员都能专心。

- 确保每个人都有发言的机会，鼓励沉默的孩子说说自己的想法。不要让任何人单独主宰会议，包括你自己。
- 对于在家庭会议上达成共识的任何新规矩，至少要经过一周的试验期之后才能正式施行。这不仅可以验证新规矩是否可行（或需要做出相应调整），也能让孩子在提出建议时更为认真，因为他的任何建议都需要验证。
- 避免只在家中出现问题时才召开家庭会议，否则孩子会对家庭会议产生恐惧感。尽量一周召开一次家庭会议。
- 即便你知道孩子提出的方案根本行不通，也应该给孩子一个实施自己方案的机会，而不是断然拒绝。与你一开始就替孩子把方案调整好的做法相比，让孩子自己总结教训、修正方案、提出新方案，能帮助他学到更多东西。
- 保持乐趣！家庭会议应该是一个增进家人情谊的机会。设法调动孩子的积极性，不要让家庭会议变成控诉会议或诉苦会议。

Q&A 我的日程安排往往没法固定怎么办？

争取每月召开四次家庭会议。一旦你的个人日程安排好之后，就设法找出家庭会议的时间。就算你一个月只能召开两次家庭会议，也要尽力使之成为惯例。把召开家庭会议的时间贴在家中显眼的地方，要让孩子明白，家庭会议绝非一件可参加可不参加的事。

Q&A 我的孩子对家庭会议根本没有热情，我该怎么调动他的积极性？

你的孩子可能一开始对家庭会议持怀疑态度。但很快他就能从中尝到甜头，例如，他可以在家庭会议上就如何共享家中的汽车提出自己的看法，或建议冰箱里存放何种口味的冰激凌。坚持下去——就算孩子始终不喜欢家庭会议的形式，依然能从中获得有益的经验。为了调动孩子的热情，请务必为孩子提供令人愉快的零食和游戏。如果孩子对家庭会议的确十分抗拒，请借助“身心灵时间”和本书介绍的其他方法增强孩子的归属感和地位感。他的情感需求得到充分满足时，就更愿意配合你。

第五章 让孩子为自己的行为负责

引子

自行承担后果有多重要？

已经7点45分了，杰克逊头天晚上忘了设闹钟，校车还有15分钟就到了！他的妈妈不会让他匆匆忙忙地往学校赶的，所以就安抚他说，会开车送他去学校。杰克逊钻进厨房，慢腾腾地为一片吐司涂上黄油，并尝试着用单脚站立，然后他开始小口地咬吐司。他的妈妈唠叨着，催促他，并提醒他别忘了带午餐，顺便把帽子塞进他的书包，以防他忘了。

杰克逊刚跳下汽车，就想起他把运动鞋忘了，里面还塞着他上周二换下来的袜子。如果没有运动鞋穿，他就没办法在体育课上打棒球了！他的妈妈打电话，把这事儿告诉了他爸爸。幸好，他爸爸还没有出门上班呢，便放弃喝咖啡，直接把杰克逊的运动鞋送到学校。

在课间休息时，杰克逊排队等着玩滑梯。突然，另一个孩子插在了他前面，他一把把那个孩子推到一边，那个孩子倒在地上，擦破了膝盖。老师很快把那个受伤的孩子带到了护士那里，处理伤口，因此当她问杰克逊“发生了什么事”时，并没有认真听他的回答。她心不在焉地告诉杰克逊，他应该向那个孩子说声“对不起”。但三秒之后，杰克逊就把整件事忘得一干二净。

然而糟糕的事还没完。放学后，杰克逊一边在自家厨房里喝着牛奶，一边尝试站在一个橡皮球上。忽然，他一不小心把牛奶洒了一地。妈妈让他去院子里玩，随后自己把厨房清扫干净。

没劲！晚餐是鸡肉和米饭，而杰克逊对这两样东西都不喜欢，他更想吃汉堡包。当他悄悄地把晚饭倒给兴奋不已的狗时，被爸爸逮到了。他爸爸温和地教训了他一通，但为了不让他晚些时候挨饿，还是给他吃了通心粉和芝士。

当杰克逊准备关灯睡觉时，才想起来明天要交一幅以爱护环境为主题的海报！他根本就没画，他的爸爸答应他去求老师再宽限一天时间，随后为他设计了海报标题，并画了几幅画。这样，杰克逊只需为这些画涂上颜色就行了。毕竟，在学习方面杰克逊做得一向都很棒，为什么要因为一张毫无意义的海报而耽误他的成绩呢？

这真是充满错误的一天，但更大的悲剧在于，杰克逊就这样又度过了一天：他没有为自己的不良行为承担任何后果。

所有人都得承担起自己的责任，如果我们希望孩子在现实世界中获得成功，而不是迷茫无措，就该教他学会承担责任。

我们都希望把最好的东西给孩子，因此会尽自己所能去确保孩子写完作业、没忘记带运动鞋、事先调好了闹钟。遗憾的是，我们常常觉得只能借助唠叨、讲道理、提醒、大吼大叫、惩罚和物质奖励等手段来督促孩子。

事实上，为孩子代劳或其他低效的育儿策略并不能让孩子明白父母的苦心。

如果想让孩子的良好行为内化为习惯，绝不能只依靠督促。这也正是让孩子自行承担后果的原因。

每种行为都能带来一定的结果，有时候，孩子无法看到自己的行为与后果之间有何明显联系。（他们不愿在天文课上向大家介绍海王星，这时恰好遇到了火警演习，他也就不用再做介绍了。）有时他的消极行为反而能带来积极的结果（他忘了带午餐，但一个朋友把自己的食物分给他吃）或是相反（他在邻居的花园里捡垃圾，却被邻居骂“擅闯民宅”）。这样的事在所难免,但正因为如此,我们更应该让结果自然发生。为什么?因为可以借此机会教会孩子关于现实世界的宝贵一课。

如果刻意为孩子移除他应承担的后果，等他成年后，行为依然会停留在幼儿时代，缺乏必要的生活经验和应对能力。这也正是缺乏后果意识会导致孩子自私的原因所在。

无论对大人还是对孩子而言，直面后果都不是件令人愉快的事。但若要养成良好的行为习惯，这是最有效的方法之一。我们的目标应该是在成本相对较低时，以安全而有效的方式让孩子懂得这一道理。不要等到孩子进入成人社会后，才因所做的错误抉择惹上麻烦。

这一章将教会你在家中创造让孩子自负其责的环境。基本上就是尽力让孩子的积极行为产生积极后果，并让孩子面对消极行为所带来的消极后果。但这并不意味着孩子犯任何小错误都面临惩罚。自负其责的环境就是让结果自然发生，而无须我们干预或转移后果的环境。我们没有必要像老鹰一样时刻紧盯着孩子。事实上，通过自己的行为教孩子守规矩，比在他犯错后惩罚他效果更好。

良好行为养成术 17：接受合乎理性的自然后果

当你把水杯放在笔记本上时，当第二天有很重要的课件演示任务，你却还在熬夜看颁奖典礼时，当天色不好你出门散步却不带雨伞时，会有什么后果？你会把水洒在笔记本上，会因迟到而抓狂，会被雨淋。我们都知道，这是我们为糟糕的决定所付出的代价。而比这些更糟糕的，是从小到大都不用为自己的不良行为承担任何后果；是孩子觉得自己想干什么就能干什么，哪怕自己的行为会对自己的健康、人际关系、财务或未来造成危害。

“我想做什么就做什么”的心理是“我一代”孩子的标志之一。在孩子的成长过程中，父母总会为他的恶劣行为埋单，而不是他自己承担后果。结果，他很少会考虑自己的行为对别人会有什么影响，反而会将不负责任的生活方式视为理所当然，并由着自己的性子胡来。

事实上，孩子总会犯错，我们可以选择让孩子直面这些错误，并为他提供指导，从而把这些错误变成最佳的学习机会；也可以选择为孩子代劳，剥夺他从错误中学习的机会。

如果你能让孩子在成长的过程中学会自行承担后果，他会懂得，“如果我把杯子摔在地上，我就不能再用它了”“如果我不戴手套，手就会很冷”“如果我不跟别人分享玩具，朋友们就不会跟我一块玩儿了”“如果我不为期末考试做些准备，我就没法考进医学院”。

独自承担后果能锻炼孩子的理性思考能力，因为这将教会他根据可能的后果评估所有的选项。独立承担后果让孩子更加机敏，因为当一个选项行不通时，他将尝试别的选项。独立承担后果能增强孩子承担责任的能力，因为他将意识到，犯错并非世界末日。独立承担后果甚至能让孩子更有同情心，因为他对尴尬的经历有更深切的体会。这些经验只能从生活中学到。请相信，实际生活比你的唠叨能教会孩子更多东西，而从生活中学到的东西更能让他终生铭记。

一旦你开始在家中实施这一方法，你的压力很快就会减轻，因为孩子将自行从生活中学习生存之道。尽管他一开始可能会抵触这一方法，但他很快就会获得自信，特别是当他开始自己做出正确的选择，并亲眼看到自己的选择所带来的积极后果之后。孩子所具有的“我想做什么就做什么”的自私心理将越来越少，取而代之的是“我做的事有意义”的积极心理，这将使孩子在未来继续受益。

实践篇

既然针对的是孩子一犯再犯的顽劣行为，就要需要区分初犯和再犯的情形，对症下药。

后果有两种：自然后果与逻辑后果。你需要有针对性地运用这两种后果来教育孩子。

所谓自然后果，就是你允许孩子去面对的结果。一般而言，如果你事先已经警告过孩子可能发生的不良后果，也允许这样的后果在孩子不听劝告时自然发生的话，那么这种后果就是自然后果。举例来说，如果孩子拒绝穿外套，那么他就会着凉。当这样的结果发生之后，你可以问问你的孩子想不想跟你谈谈。但不要直接跟他说：“看到了吧，让你穿外套你不穿，现在着凉了吧？”这样只能引发孩子的怒火，而无法让他学到任何东西。

在运用自然后果教导孩子时，请遵循以下步骤：

1. 事先以冷静的语调告诉孩子，如果坚持自己的不良行为，会有什么后果。例如，如果你 9 岁的女儿总是盛气凌人地对待朋友，你可以温和地对她说：“你的朋友们不喜欢老是让你教她们该怎么玩。如果老是这么盛气凌人地对她们，她们也许就不想跟你玩了。”

2. 让结果自然发生。下次当你的女儿又在教朋友们怎么打扮要参加“舞会”的芭比娃娃时，请保持沉默，即使你能看出来她的话让她的朋友们觉得很烦。

3. 不要对孩子说“我早就说过”之类的话，但要给出必要的同情和指引。当你的女儿抱怨说自己最好的朋友都不想跟她玩时，请对孩子表达你的同情。然后问问你的孩子：“下次你该怎么做，别人才愿意跟你玩呢？”而不是对她说：“她们当然不愿意跟你玩，因为你老是盛气凌人地对待她们！”之后你可以通过角色扮演的形式教孩子如何有礼貌地跟朋友交流。很快你的女儿就会明白该如何友好地跟自己的小伙伴玩耍。

逻辑后果则是你有意识地施加给孩子的结果。但这种结果不是惩罚，而是他的不良行为产生的后果。当出现下列情形时，你就可以引入逻辑后果：

- 当自然后果对你的孩子有害时（例如，孩子一直拒绝刷牙，就有患龋齿的危险）。
- 当孩子的不良行为无法引起自然后果时（例如，你的孩子根本没留意他是否已经把客厅的玩具收起来了）。

与自然后果不同，逻辑后果是父母主动创建和引导的事件。为了确保逻辑后果的公正和效力，在运用逻辑后果时必须做到“5R原则”。

让我们通过一个例子来看应何时及怎样运用这一方法：

按你家的规矩，晚上9点之后就不能再使用手机了。但16岁的凯迪斯过了9点依然在跟朋友通电话。你首先要做的是借助“身心灵时间”等方法充分满足她的心理需求，以免她为了实现自己的心理需求而采取不良行为。如果问题依然持续，你可以挑一个大家情绪都较为平静的时间告诉她：“你已经不小了。成熟的表现之一就是学会负责。根据我们家的规矩，必须在9点之前停止使用电话。如果你过了9点还在使用电话，那么接下来的一星期你都不能再用电话。现在，为了确保你明白这一规矩，请把使用电话的规则向我复述一遍，并告诉我，如果你9点之后继续使用电话会有什么后果。”

牢记这一点：如果一个孩子有能力使用手机，就有能力记住该如何使用手机。这意味着你无须一再提醒。

如果你担心孩子记不住规则，可以对她说："凯迪斯，我不会一再提醒你使用手机的截止时间，你要么在9点之前放下手机，要么接下来一个星期都别用手机。有什么办法能帮助你更好地记住这个新规矩？"这里的重点是，她需要自己提醒自己记住新规矩，而不是由你来提醒。

以后几天晚上9点时留意一下她在干什么，她或许根本不相信你会采取什么措施，或许真的没记住新规矩，因此她依然像往常一样继续玩着手机。如果是这样，请以冷静的语调告诉她，她现在必须停止跟朋友聊天，而且从现在起直到下星期结束，都不可以再使用手机。不论她如何哭闹或有礼貌地恳求你，你都不能妥协，哪怕她要打电话向奶奶求助。你可以允许她第二天9点之前打电话给奶奶。但由于她的行为，接下来的一个星期都不能再使用电话。而且，由于你事先已经把这些规矩告诉了她，也经过了她的确认，现在她没法使用手机，只能责怪自己。

这个方法能避免孩子把父母当成坏人。你不用跟孩子争执（别忘了，你可以随时走开，不理会他的抗议），孩子要责怪，就责怪自己好了。你的孩子将学到教训，而你将安享宁静。

运用自然后果和逻辑后果来教导孩子的方式，还应该搭配"身心灵时间""培训时间""只有……才能……""给孩子自由选择的环境"等方法使用。如果孩子的不良行为依然持续，下面的表格将帮助你有针对性地完善让孩子自负其责的环境。

不良行为	你可以实施的后果	是否已事先告知孩子
不愿刷牙	实施逻辑后果。限制孩子摄入的高糖食物，如饼干、糖果、水果干之类的食物，直到孩子学会主动刷牙。	
每次都不能准时参加周末的足球集训	实施自然后果。告诉孩子你不会再提醒或唠叨他。当他具有相应的行为能力后，就让他独立承担全部责任。如果他迟到，就需要自行解释原因或者失去下次参加比赛的机会。	
把图书馆的书弄丢了或忘记还书	实施自然后果。他将动用自己的零用钱去赔偿图书馆的损失。	
损坏别人的玩具	实施逻辑后果。他必须帮忙修复别人的玩具，用自己的零钱为别人买新玩具或用自己的玩具赔偿。	

5R 原则

尊重（Respectful）

任何意图给孩子造成痛苦或羞辱的行为，如身体伤害、嘲弄、吼叫、冷漠、对孩子表示失望等都无法带来积极的逻辑后果。

与不良行为有密切关联（Related to misbehaviour）

孩子的思考比你所认为的更有逻辑。所以，如果你因孩子在图书馆讲话太大声就限制他在家中看电视的时间，他很可能会感到一头雾水。而如果你能以他认为公正的方式指出他的不良行为与应承担的后果之间的联系，他就更容易从错误中汲取教训。相比于限制孩子看电视的时间，你可以与孩子聊聊在图书馆里哪些行为是适宜的、哪些不是。下次去图书馆之前，你不妨事先告诉孩子，如果他在图书馆里讲话声音太大的话，你会不借任何书就离开并说到做到。这样一两次下来，孩子再去图书馆时就会规矩一些。

合理（Reasonable）

孩子对事物的应对能力有限，逻辑后果的目的就是让孩子长个教训，下次能留神点，但在运用这一方法的过程中不能打击孩子的自信。

事先告知（Revealed in advance）

只有在大家都情绪稳定时，将孩子可能要面对的逻辑后果告诉他，这一方法才能发挥效力。否则，孩子会感到猝不及防，并把这些结果视作你故意施加的惩罚。这样一来，孩子的行为不仅不会变好，反而会更加激烈地与你争执。

让孩子重复一遍（Repeated back to you）

问问孩子："为了保证我们真正明白约定的规矩，现在你来告诉我：吃饭的规矩是什么？如果吃晚餐时你不好好坐在椅子上，会有什么后果？"等孩子完全明白了这些规矩之后，你就可以放心地运用逻辑后果来督促他了。

技巧与指南

- 在实施这两种后果的过程中，千万别给孩子造成伤害或羞辱。也就是说，如果自然后果可能会给孩子带来伤害或羞辱，就不可任其发生。例如，如果孩子拒绝吃药，你可以试着提供更多吃药的选项（服用药片或口服液）并让他自行选择，或是发挥你的创意，寻找一些更安全、更有效的手段让孩子遵从你的要求。
- 如果你已经告诉过孩子，把手工作品乱放可能会被弄坏，他依然不听，那么请让结果自然发生。不管你当时心里多么不舒服，也不要去“拯救”孩子，因为这样才能创建让孩子自负其责的环境，才能获得你期待的改变。而且，如果你的孩子认为你说到却无法做到，下一次他就更不会把你的话当一回事了。
- 你需要知道何时该向孩子发出警告。举例来说，在孩子过生日或表兄弟来你家中做客的前一天，将偷吃零食的后果告诉孩子就不太合适。
- 当你不得不让孩子自行担责时，请与孩子讨论这么做的意义。你可以耐心地告诉孩子，每个人都会犯错。并问他：“如果再给你一次机会的话，你会不会换种方式去做？”这能促使孩子将错误当成学习的机会，从而纠正他的自私心理。

Q&A 我想不出什么逻辑后果怎么办？

你的情况允许你实施自然后果吗？如果允许，就实施自然后果。如果不能，再采用逻辑后果。良好的逻辑后果有鲜明的因果联系。如果你打算实施的逻辑后果没什么道理，也不符合“5R 原则”，或许别的方法对纠正孩子的行为更有帮助。或许你需要花点时间去训练孩子的能力，增加“身心灵时间”的频率，调整一下“只有……才能……”的方法，问问孩子打算怎么解决问题，对孩子的积极行为给予更多鼓励。多试试这些方法，直到找到有效的那种。

Q&A 如果我非要让孩子自行担责，他可能不穿外套就出门，要是冻坏了怎么办？

首先，当然不能把孩子推入真正的危险之中。如果你的孩子拒绝穿外套，外面又是滴水成冰的天气，那么你就得换一个办法。拿这个例子来说，最有效的方法就是问问他敢不敢不穿外套在外面站几分钟。很可能不一会儿他就会哆哆嗦嗦地跑回屋子里。这种方法也适用于别的例子。

但说到“我一定要让孩子自行担责吗？”这一基本问题，只要你能在一旁守护孩子的安全，而且不去伤害或羞辱孩子，你就可以大胆地让孩子自行承担后果。这么做，为的是让孩子从后果中汲取宝贵的教训。正如我们在前面已经分析过的，不让孩子承担任何后果反而是不负责任的做法，因为那样只能让孩子为所欲为，并在将来继续犯错。

Q&A 我尝试让孩子自行承担后果，但他对这些后果一点都不在乎，我该怎么办？

如果孩子对后果毫不在乎，你就该反省一下自己的做事方式了。很有可能：

- 你实施的后果让孩子感到你是在惩罚他，因为这些后果给孩子带来了伤害、羞辱，或这些后果包含“我早就告诉过你”之类的话。如果你想让孩子自行承担后果只是为伤害或羞辱他，他会以行动向你表明：他一点也不在乎。
- 你实施的后果与孩子最初的行为不存在关联，孩子感到自己没受到公平对待。如果父母不顾孩子的具体行为而胡乱加以惩罚，只会激起孩子的怒火。如果你想让孩子学会对自己的行为负责，必须让孩子感受到公平，即使他对要承担的结果依然不喜欢。让孩子担责的过程中，请遵守前面介绍的“5R原则”，这样才能有助于孩子将来形成更好的行为习惯。

良好行为养成术 18：二选一

让我们直面这一现实：无论我们如何警告孩子，都无法有效地阻止他在客厅踢球或是把自己全身上下都涂成紫色。毕竟，谁也无法阻止无法预言事情，不是吗？这并不意味着我们可以任由孩子胡来，可以对孩子滥施惩罚、大吼大叫，直到我们自己气得脸色发紫。对于孩子时不时表现出的（也许你每天都会遇到）那些出乎意料而又让我们头疼不已的不良行为，“二选一”的方法能让我们在保持镇定及理智的前提下，迅速将这些行为“灭火”。

实践篇

“二选一”的方法需要占用你一些快速思考的时间，但它的收效同样迅速。举例来说，当你走进客厅时，发现杰克逊正把一个皮球向咖啡桌扔去。你可以对孩子说：“要么你把球拿开，要么你就到屋子外面玩。”说完就赶快离开现场（用眼角的余光扫一眼孩子，确保你的要求得到了执行），不要给孩子讨价还价的机会。

这平淡的一句话如何能使孩子乖乖地去做正确的事？原因在于你为孩子提供了两个选项：一个选项旨在让孩子停止和改正自己的不良行为（把球拿到一边），另一个选项旨在让孩子以合适的方式将自己手上的活动继续下去（到外面打球）。保持同样的句式，几次下来，当你再开口时，孩子就会知道你是认真的。

别忘了，在运用“二选一”的方法时，不能伤害或羞辱孩子，并要依照“5R 原则”以确保结果的有效性。不管你心里多想，都不能对孩子说：“要么你立刻停止在屋里吹口哨，要么我会一脚把你的哨子踩碎。”这么说只能激起孩子的抗拒心理，而无益于他学会任何良好行为。

技巧与指南

- “二选一”的方法针对的是孩子身上突发的、临时的不良行为。对于不断重复的不良行为，请使用自然后果或逻辑后果的方法纠正。当然，使用这两种方法时，你需要首先提醒孩子他需要承担的后果。

Q&A 我的孩子对我给出的两种选项都不理不睬，我该怎么办？

首先要确保孩子的归属感和地位感已经通过别的方式得到了充分的满足，只有这样，他才愿意配合你的要求。

如果他依然对你不理不睬，你可以替他做出选择。例如：“你现在似乎难以自己选择，那么我替你选吧。”然后直接把球拿到他够不着的地方。

良好行为养成术19：选择自己的行为

我们无法真正控制孩子，但我们可以选择自己的行为，即面对孩子的不良行为时，能采取特定的回应方式。举例来说，如果孩子不知道打扫自己的房间，总是等你来打扫，下次你就可以提前告诉他："我每周二早上都会用吸尘器吸全部的地板，如果你的房间很整洁，我很高兴为你清理地板。否则，你就得在当天吃晚饭前自己把地板清理一遍。"你不必唠叨或大吼大叫地强制孩子打扫自己的房间，而让他自己去面对不打扫房间的后果（即不得不做更多的家务）。这一方法有助于加深孩子对"你控制不了别人，但能控制自己的行为和态度"这一观念的理解。孩子同样会意识到，自己的行为（或某些行为的缺位）会影响别人，而积极的行为会带来积极的后果。这对于我们培养孩子不认为一切都理所应当的自私心理非常重要。

实践篇

首先，你需要找出孩子身上某种一犯再犯、让你头疼不已的不良行为。你可以通过"选择自己的行为"促使孩子做出你所期待的行为（如主动把要洗的衣物放进脏衣篮）或抑制孩子的消极行为（如把自行车停在机动车道上）。

接下来，既然你无法强迫孩子把待洗的衣物扔进脏衣篮，也无法强迫他在没有你的指导下独立完成作业，你只能靠“选择自己的行为”来解决问题。拿第一个例子来说，你可以选择只洗放进脏衣篮的衣物。如果孩子喜爱的卫衣脏了，他只是随手一扔而不是放到脏衣篮里，你就不会把它洗干净，他也不能在想穿的时候穿它。

这一方法取得成功的关键在于事先把你的决定告诉孩子，这样当他承受自己的消极行为引起的后果时，就不会觉得这是对他的惩罚。在前面所举的例子中，你可以告诉孩子：“我只会在周三和周六早上把放进脏衣篮的衣物拿去洗。”

你对自己制定的规则一定要执行到底！很快，你的孩子就会主动承担更多的责任，而且不需要你的提醒，他也能控制自己的不良行为了。

技巧与指南

- 当你有条件独立采取行动时，这一方法就能发挥最佳效果。因此，这一方法或许无法阻止孩子在沙发上跳来跳去（毕竟你无法把沙发锁进柜子里一星期），但这一方法能让他学会把饭盒清洗干净，前提是你事先警告过他，你只会往干净的餐盒里装饭。
- 在选择自己的行为时，不要因为孩子犯错就去伤害或羞辱孩子。请参照“5R 原则”指导自己的行动。

Q&A 当我选择自己的行为时，如果孩子一再哭闹，指责我是世界上最差劲的母亲怎么办？

对这一情况要做好充分的准备，因为它一定会发生。当你通过选择自己的行为来创建让孩子自负其责的环境时，他不一定会喜欢这种结果。尽管如此，你也要坚定自己的立场。这不仅能教会孩子承担自己的责任，也会让他明白，你不再任他呼来喝去。你说到做到，而且你绝不是孩子的专属仆人。

良好行为养成术 20：不予救援

当孩子参加足球集训却忘带球鞋时，当孩子的英语作文满是错误时，当孩子做兼职却屡屡迟到时，如果我们总是对他伸出援手，就等于是为他铺就了一条通向自私的阳关大道。这不仅会让孩子习惯于任性的生活方式，还会让他觉得，一切苦差事都应该由父母代劳，逐渐会形成一个恶性循环，因为如果每次父母在孩子遇到困难时都无条件地伸出援手，孩子就越来越需要父母的特殊照顾。

而“不予救援”的策略能为这种恶性循环画上句号。它要求你不再为孩子的健忘症或不良行为埋单。作为创建让孩子自负其责的家庭环境的一部分，这一策略能教会孩子自行承担责任。更重要的，它将促使孩子自行解决问题，并在下次遇到类似情形时做出更好的决定。

对父母而言，眼睁睁地看着孩子犯错而不顾并非易事，不论孩子的错误多么微不足道。好消息是，一旦孩子意识到父母将不再对自己制造的糟糕后果施以援手，以后再做决定时就会更为谨慎。而父母也不必动不动就用吼叫、说教、唠叨、惩罚、不断地提醒、大发脾气等手段去对付孩子了。事实上，你越能够以耐心去对待孩子及其面临的问题，就越能在育儿方面获得良好效果。

你准备好迎接家中的重大变化了吗？在帮助孩子克服自己的健忘症、胡乱决定的习惯和明显的恶劣行为等方面，“不予救援”的方法很快就能显现出神奇的效果。孩子“我想干什么就干什么”的心理将得到纠正，而你将因此更快乐。

实践篇

为了在家中落实“不予救援”的方法，首先你需要事先对孩子宣布：“你已经不小了，有能力照料自己的生活。从现在起，如果你把什么东西忘在了家里，我不会再赶到学校送给你了。”然后确保孩子完全理解了这一点。这一问题解决了之后，你便可以把同样的规则扩大到其他方面，告诉他，如果他以后遇到迟到、粗心大意地弄坏玩具等情况，你不会再像以前那样解救他。

然后问问孩子，在不依靠你的情况下，他有什么办法解决面对的问题。例如，“你觉得自己怎样才能记住带上上学所需的一切东西？”或者“怎样避免参加活动时迟到？”先听听他的想法，必要时可以提供一些建议，例如在门上贴一张备忘清单，参加活动的前一晚就把东西放进背包里，设置好闹钟，使用便笺为玩具归类，专门开辟一个角落放体育用具等。

在正式落实“不予救援”的方法时，一定要确保孩子已经很清楚相应的规则，你们也进行过两到三次演习。之后告诉孩子，此方法正式启用。如果孩子再忘了带上学该带的东西，你就不要再去解救他了。

规则一旦确立，你需要做好充足的准备，做到冷眼旁观。在孩子逐渐熟悉新规则的过程中，请及时为孩子提供必要的同情（“你今天忘了带午餐，下午一定很饿吧？”），并与他谈谈有什么办法可以帮他解决困难（“你觉得明天怎样才能记得带午餐呢？”），但永远不要对孩子说“看吧，这就是你应得的结果”之类的话。孩子从错误中学到的东西永远比从你的说教中学到的东西多得多，不管你的出发点有多好。

技巧与指南

- 运用时请根据孩子的年龄。例如，年龄较小的孩子在上学时肯定记得背书包，但你应该头天晚上就提醒他把该带的东西都准备好。你可以用图片或文字的形式为他列一份备忘清单，这样一来，不需要你的提醒，他也能记住要带的东西。
- 在孩子适应新规则的过程中，不要轻易对孩子动怒。如果他忘记了带数学作业并因此受到批评，这是他的事，而不是你的事，不论你多么想让他进一所好学校。
- 如果有需要的话，请用电子邮件将你的规则告诉孩子的老师。你可以这么写：“我们正在让安吉丽娜学着自己带作业，如果她忘记了，那么后果由她自己承担。”她的老师很可能会理解你的做法，并表示欣赏。
- 在某些偶发事件上，我们可能依然需要帮助孩子。我们都会犯错，但如果孩子将午餐忘在家里已成习惯，我们就需要采取“不予救援”的办法来纠正他的错误了。

Q&A 我采用了这一方法，但我的孩子依然不记得带作业，怎么办？

或许你需要帮他将自己的生活变得更有计划（例如为他制定一份以周为单位的日程表），更有条理（在他的柜子里挂个小白板，让他将需要从学校带回家的书本写在上面，或为他的手机设置提醒）。在理想情况下，我们应该在采用这一方法之前先采取一定的预防措施，现在也不算晚。

良好行为养成术 21：同舟共济

问一个家长“你的孩子吵架吗”，就好比问他“你的孩子呼吸吗”一样荒唐。只要一个孩子有兄弟姐妹，他们就会吵架！某个兄弟姐妹多分了两根薯条也好，霸占着水龙头也好，总之，孩子们总能找到吵架的理由。

你也许能猜到，孩子们吵架还有个很重要的原因，就是他们的自私心理。如果家中某个孩子觉得自己理所当然地应该第一个得到最好的东西，很可能别的孩子也会跟他一样。这是有原因的：他们在同一个家庭中长大，接受的是同样的家庭教育，长期以来同样将父母的优待视为理所当然。

在这种情况下，自私心理自然会引起对立情绪。如果杰克逊始终觉得自己玩游戏时应该第一个来，那么他的兄弟姐妹很可能也会那么认为。这样一来，他们每次玩“打地鼠”的游戏时都会吵得不可开交。

不，你不能把“打地鼠”的游戏道具扔进垃圾堆了事，尽管很多时候你很想那么做。当你开始消除某个孩子的自私心理时，孩子之间的争吵便会逐渐减少，但依然会存在。这时，你就需要采用“同舟共济”的方法来应对了。这一方法能让孩子们有效地解决彼此之间的争吵，或在结果上达成一致。孩子们会懂得，他们能通过积极的手段来消除争吵可能引发的消极后果。

实践篇

让孩子们“同舟共济”是一种有效的方法，但需要遵循一定的步骤才能发挥最大效果。步骤如下：

1. 传授技巧。你首先需要花点时间教孩子如何以尊重的方式表达分歧，阐明自己的观点，用“我觉得”的句式表达自己的感受，倾听他人的观点，提出解决方案，与他人合作解决问题，同时避免骂人、大喊大叫、肢体冲突等负面行为。不论孩子的年龄多大，都应该懂得什么时候应走开，什么时候该向大人求助。对年幼的孩子，可以借助布偶、角色扮演等形式传授这些技巧。掌握解决冲突的技巧是一个漫长的过程，中间可能要经过很多争吵和泪水，对此你要有充分的心理准备。

2. 制订计划。当你教会孩子协商解决问题的技巧之后，就应该让孩子自己练习这些技巧了。趁孩子们不吵架的时候，告诉他们：“你们现在应该有能力解决你们之间的分歧了。下次当我再听到你们吵架时，我会离开屋子，让你们自己解决问题。”

3. 置身事外。即按照你的计划去执行。当杰克逊像个怪兽一样把艾丽搭建的乐高城堡踩在脚下时，请躲到厨房里，做出忙碌的样子（同时在一定的距离之外观察孩子，以免局势失控）。在这种情况下，杰克逊和艾丽会朝你的方向张望。别理他们，只留意他们如何解决问题就行。如果你运气好的话，经过最初的大叫大嚷之后，他们最后还是能达成和解。

4. 提供帮助。如果孩子之间的争吵升级为肢体冲突，或他们在努力之后依然无法达成一致，你就需要介入了。不要简单地把一方认定为“受害者”，而把另一方认定为“施暴者”，也不要把一方认定为“胜利者”，而把另一方认定为“失败者”。保持中立，并让孩子用“我觉得”的句式讲讲他们对整件事是怎么看的。然后分别以每个孩子的角度将整件事复述一遍：“艾丽，我知道你很生气，因为杰克逊毁了你的城堡。杰克逊，你也很沮丧，因为艾丽一块乐高玩具也不给你玩。现在，你们有什么解决问题的好方法吗？”

5. 提出方案。认真听听孩子们的想法。某个孩子也许会主动提出一个分享玩具的方法，或是一个双方都较为满意的方案（无论孩子们的方案在你看来多么奇怪，只要孩子双方满意就行）。如果孩子们一时想不出合适的方案，你可以提出一两个方案供孩子们参考，但最后要由他们自己做决定。

6. 同舟共济。如果孩子最后还是无法达成和解，那么你要设法把他们“放到同一条船上”。你可以对他们说：“如果你们还是无法达成和解，我会把乐高玩具收走，你们谁也别玩了。”让孩子们共同承担后果的做法，能消除孩子为得到自己想要的东西而吵闹不休的自私心理。这样一来，孩子们也会明白，积极的行为将带来积极的后果。

7. 收拾残局。如果到了这一步还是无法解决问题呢？这时你应该冷静地把孩子的乐高玩具拿走。尽管孩子们会指责你不公平，但你要明白，这么一来，孩子们下次争吵时会更容易和解。

技巧与指南

- 当你出面帮孩子们解决问题时，请保持中立，仅仅就事论事，而不要偏袒任何一方。
- 如果孩子之间的争吵变得相当激烈，请设法让他们冷静一下，给孩子一个安静的空间，等他们冷静下来之后再试着解决问题。
- 不要试图批评孩子们的和解方案，只要他们满意就行。
- 把孩子们的每次争吵都视作教他们学习如何解决冲突的机会。哪怕一开始你不得不出面干预，但孩子们逐渐就能学会以自己的方式解决问题。
- 教孩子学会使用非威胁性的语言，而不是把其他人粗暴地一把推开。

Q&A 如果我很清楚孩子们谁对谁错呢？在这种情况下，一视同仁地让他们承担同样的后果不是很不公平吗？

别忘了，你不可能知道事情的原委。兄弟姐妹在一起相处的时间很长，表面上看，似乎全是妹妹的错，但可能是之前哥哥欺负妹妹，而妹妹进行了报复。尽管孩子的行为本身都不对，一视同仁的办法能让他们暂时把分歧放在一边，转而寻求双方都能接受的方案。当他们学会以这种方式解决问题之后，下次就不会随便吵架了。

如果你硬要为孩子分出谁对谁错，这只能在他们中间形成敌对氛围，将来他们的不良行为很可能会持续下去。妹妹会想："找哥哥的碴儿，我就得到妈妈的关注，哪怕我的行为是负面的。"而哥哥会想："我向妈妈哭诉，就能得到她的关注。”如果他们经常以受害者或施暴者的身份自居的话，他们以后很可能真的成为这样的人。你也许觉得以法官的身份调停孩子之间的冲突是件好事，但事实上这对他们没什么好处。教孩子学会独立地解决问题，比弄清楚究竟谁先骂别人“浑球”更重要。

最后，别忘了“一个巴掌拍不响”的道理。起冲突时，如果有任何一方一声不吭地走开就不会有事了。告诉孩子，有时候先走开一会儿，之后再来尝试解决问题比正面冲突更好。

分享之道：如何制订次序？

80% 的争吵是因为两人都想得到某样东西。对整天在一起的孩子们而言，如果从不把对方推下秋千或抢走对方的贴纸，那才叫怪事呢。《不分享也没关系》和《热情的孩子们》一书的作者海斯·舒马克提出了一个有效的方法，来解决孩子们间因次序而引发的争执，即列次序清单。

如果一个孩子一直在玩，而另一个孩子等得已经有点沮丧时，就可以制订一份次序清单。一个孩子玩够了之后，就该由另一个孩子来玩。

具体的规则是这样的：以孩子玩够的时间为一轮。这里的一轮可以是一分钟、一小时，甚至一天。总之，要让孩子玩够为止。

这听上去似乎会引发争执，其实不然。到了某个节点，孩子一定会把玩具主动交出去。如果我们能让孩子自己决定玩多久才算够，而不是每次都设定一个计时器或仅仅因为他的弟弟开始哭闹就命令他把玩具交出去，他就不会感到沮丧。而年幼的孩子也会明白推迟欲望的意义，这对于防止孩子形成一切都理所应当的心理十分重要。

对于等着玩玩具的孩子而言，请允许他发几句牢骚。你甚至可以教他说："我一直在等着呢，你都玩一上午了。"这么做是为了让孩子意识到他的行为对别人的影响。一开始，孩子玩的时间可能会特别长（对那些以前一直被家长逼着与兄弟姐妹分享玩具的孩子而言尤其如此），但这一新规则会让他放松，给他安全感。很快，他对手上的玩具就不会那么着迷了。

良好行为养成术 22：改正错误

我们都会犯错，重要的是我们如何对待自己的错误或如何改正它。道歉是必要的，但道歉并不是最佳途径。举例来说，哥哥把弟弟新买的玩具弄坏了，父母会逼着哥哥向弟弟道歉。这时的道歉显然不会真诚，就算真诚，一句道歉的话，既无法让毁掉的玩具恢复原状，也无法弥补被损坏的友谊。

事实上，如果孩子不习惯承担责任，那么犯错时就很可能将责任都推到别人身上、以怒气来回应别人、否认事实或心不在焉地道个歉，好让父母赶紧离开。

“改正错误”的方法能改变孩子对错误的认识。除了能让孩子道歉之外，这一方法还能督促孩子真正地通过和解来解决问题，教会孩子承担责任，唤起他的同情心，并让他意识到自己的行为会影响别人。

实践篇

如果妹妹不经姐姐的允许又去翻她的首饰盒，不要逼妹妹向姐姐道歉。请坐下来，按下列步骤引导孩子改正错误：

首先略过说教、惩罚和对孩子说“你必须道歉”的步骤。此时无论是对孩子讲要爱护财产的大道理，还是接下来几天不许孩子看电视，都无法真正阻止妹妹以后再去玩姐姐的项链。另外，务必给妹妹一个冷静的机会（姐姐可能已经狠狠地骂过她了），好让她能以积极的方式解决这一问题。

当妹妹安静下来之后，请坐下来跟她聊聊，并帮助她从姐姐的角度审视一下这个问题。为了唤起她的同情心，请以温和的语气问问她：“如果姐姐不经你的允许就去动你的贴纸，你会有何感觉？”或者：“你觉得姐姐现在的心情如何？”

然后问问她，该怎么做才能修复与姐姐的关系。哪怕孩子一时想不到向对方道歉也没关系（这其实更好一些），重要的是，让妹妹以自己的方式与姐姐和解，这一方式或许对姐姐同样有意义。妹妹或许会主动提出将姐姐的首饰盒整理好或帮姐姐打扫房间。一句发自内心的“对不起”也是个不错的选择，但说“对不起”需要伴以善意的行为才行，行为比语言更有力。不管妹妹最后的选择是什么，“改正错误”的方法都能帮妹妹修复与姐姐的关系，唤起她的同理心，并让她意识到她的错误对别人的影响。至于姐姐，这一方法不仅帮她避免了一句没有诚意的道歉，也会让她看到妹妹真的愿意承担责任，也真的愿意与她和解。

技巧与指南

- 等这件事情结束后，花点时间训练一下孩子相关的技巧，避免孩子将来再犯同样的错误。
- 如果你觉得有必要的话，在帮孩子纠正错误前可以给他一点时间冷静一下。我们不需要立刻解决问题，等待能让我们以更积极、更有意义的方式解决问题。

- 你可以（而且应该）教教孩子何时及如何向对方道歉。但你同样需要让孩子明白，仅仅是一句道歉并不能解决问题。
- 哪怕是孩子不小心犯下的错误，也需要对自己的错误负责。无心之过同样需要被纠正。
- 如果孩子自己实在不知道该怎么改正错误，你可以提供一些建议。但一定要确保孩子不仅有和解的计划，还有和解的行动。

让道歉更有意义的 5 个步骤

以下提供的 5 个步骤能让孩子更有效地认识自己的错误，也能让他的道歉对双方而言更有意义。

1. 教孩子懂得为自己的行为负责的意义。

2. 体会他人的感觉。让孩子试着去体会被他的行为冒犯的人的感觉。

3. 道歉，让孩子告诉对方，他意识到了自己的行为所造成的伤害。例如：“我很抱歉在你的美术作业上乱涂乱画。我一定让你很抓狂。”

4. 请求原谅。简单的一句“你能原谅我吗”就可以。这能让孩子明白，虽然原谅与否是对方的选择，但请求原谅是继续前进的重要一步。

5. 解决问题。举例来说，如果一个孩子把对方的美术作业损坏了，帮对方重新画一幅是个不错的解决方案。

Q&A 我的孩子明明知道该怎么做，但他依然以负面行为对待别人，我该如何引导他？

这说明你可能遇到了更深层次的问题。评估一下外部环境对孩子的影响。他平时看哪些电视节目？他的朋友是哪些人？他的负面行为是不是报复他所受的欺负？看看你是否需要做出相应的改变。

如果孩子的不良行为还在继续，你可以考虑为孩子设置某些后果。例如，如果孩子总是毁坏兄弟姐妹的玩具，他需要承担的逻辑后果就是用自己的零用钱为别人买一个玩具或者用自己的玩具赔别人一个。

Q&A 我的孩子设法与受到伤害的孩子和解，但对方拒绝了，下一步我该怎么办？

受伤害的孩子可能需要更长的时间来冷静。如果两个孩子是兄弟姐妹，那么你可以找一个较为合适的时机鼓励孩子向对方提出和解的请求。兄弟姐妹之间的关系往往一天一变，甚至一小时一变。

如果对方不是你家的孩子，你可以让你的孩子换个时间或方式向对方提出和解，但不可采用不理性的方式。如果你的孩子很努力地想与对方和解却不被接受，那么告诉孩子，虽然他依然要做好与对方和解的准备，但这件事已经过去了。真正的好朋友总会原谅对方。

第六章 教孩子正视生活的压力

引子

为什么我们总爱过度帮助孩子？

让我们来看一个故事，这个故事拥有两个不同的版本。

版本一：

辛西娅是个9岁的女孩。她很想在舞蹈班的踢踏舞会演时担任独舞部分。她的妈妈也很想给她这个机会。现在距离评选还有一两个月的时间，于是辛西娅的妈妈开始积极培养与舞蹈班老师的关系。舞蹈课结束后，她总会找老师说几句好话。当那个舞蹈学校募款时，辛西娅的妈妈不仅主动担任募款人，捐款也是最多的。她义务为舞蹈班的女孩们化妆。她时不时地告诉那所学校的舞蹈老师、前台工作人员和校长，辛西娅有多么喜欢踢踏舞，在家里练习有多么刻苦（事实上这可不一定）。她对他们说，她真的很希望辛西娅能担任独舞部分，尽管班上其他的女孩舞跳得也很好。她还说，辛西娅还要练很多年舞蹈，她希望女儿能继续在这所舞蹈学校练下去，尽管她家附近也有一舞蹈学校。

终于开始评选了。辛西娅的舞跳得不错，但别的孩子同样出色。她的妈妈最后一次告诉老师，辛西娅对今年在舞蹈班的学习有多开心，又是多么刻苦。终于，辛西娅等来了好消息，她得到了梦寐以求的机会！祝贺你，辛西娅！或者我们更应该向辛西娅的妈妈表示祝贺。

版本二：

辛西娅是个9岁的女孩。她很想在舞蹈班的踢踏舞会演时担任独舞部分。她的妈妈明白她的心愿。有一天，她的妈妈跟她聊了一些与跳舞有关的话题：如何提高舞技，如何表达自己对舞蹈课的兴趣，如何承担责任，以及如何培养让自己脱颖而出的行为……在每周的课堂上，辛西娅都认真地听老师讲课。她严格遵守不在课堂上嚼口香糖、不在老师说话时踏脚等规矩。每次上课她都很准时，而且上课所需的东西她一样不落——头天晚上她已经检查过两遍了。辛西娅把会演时要跳的舞步向老师问得清清楚楚，这样她就可以从网上下载资料自己在家练习了。有好几次，舞蹈课结束后，她又请老师把比较难的舞步演示一遍。辛西娅每天都坚持练习。在评选中，辛西娅表现出了最佳水平。最终，辛西娅等来了好消息，她获得了在会演上表演独舞的机会。祝贺你，辛西娅！

我敢肯定你能发现，上述两个版本的不同之处——妈妈的不同行为对孩子自私心理的形成，对孩子的荣誉感、自信心和职业道德各有什么影响。版本一中的辛西娅要靠妈妈才能获得独舞的机会，且很清楚自己根本不可能凭自己的能力获得这一机会，那她还有什么理由去努力？就算她尽自己的最大努力去争取，到最后她还是不知道，究竟这一机会是她自己努力的结果，还是得益于妈妈的人情。这也会助长孩子的自私心理！如果妈妈把前进的道路都为她铺好，辛西亚会理所当然地认为自己所到之处都应该有鲜花和掌声，且不需要自己为之努力。

而版本二中的妈妈没有参与，辛西娅完全靠自己的努力获得成功：认真听课、刻苦练习、在必要时积极求教、专注于目标等。她知道这个机会是自己赢来的。她也会将这一经验应用于生活的其他方面，无论是自己的历史作业，还是第一份工作。

但还有一些例子之外的情形没有提及：如果辛西娅尽了全力，但最后入选的却是另外的女孩，这对她该是个多么沉重的打击！如果妈妈不管她，她自己也没有好好练习，偏偏因为在评选时发挥出色，居然被选中了，又该怎么办？这两种情形在真实生活中都很有可能发生。付出那么多心思与精力之后依然被淘汰的确让人难以接受，但你想等孩子开始找工作时才让他头一次经历这样的事吗？最好的方式是让他从小就接受“努力也不一定能达成愿望”的事实。对于第二种情形，辛西娅的妈妈应该真诚地祝贺女儿，鼓励她全力以赴去准备会演。同时应该提醒她，不要因为得到了这次机会就放松训练。不管结局如何，少了妈妈的参与，辛西娅将从这次经验中学到更多东西，并在以后遇到类似情况时有更为充分的准备。

或早或晚，我们都得把接力棒交给孩子。如果在孩子小的时候，我们不允许、不鼓励他自己面对真实生活的挑战，当他成年后遇到更大的挑战时，就会手足无措。除非你打算直到自己退休都尽力为孩子碾平一切障碍，否则孩子早晚都得自己独立去面对困难。

这一章的主旨是探讨我们如何面对孩子成长的道路上不可避免的失败，如何正视孩子的能力。

你是哪种“交通工具”？

下面列举的这些交通工具都是常见的，但实事求是地说，在育儿方面你是否也曾驾驶过它们？

压路机（或除草机）

为了让孩子一切都顺顺利利的，有些家长总是忍不住想赶在孩子前面为他清理所有障碍。那些擅长为孩子“开路”的父母就是“压路机”型父母。

直升机

这种类型的父母始终在孩子左右，孩子遇到任何的麻烦，都让他们忧心忡忡。他们盘旋在孩子周围，时刻为孩子提供帮助。

拖船

“来嘛，再练 5 分钟！”有些家长总喜欢用没完没了的作业填满孩子的假期，逼着孩子参加他没有一点兴趣的活动，或催促孩子跟别的小孩一块玩，尽管孩子显然更愿意待在家里。这些家长就像拖船。

赛车

有的父母会觉得，如果孩子快人一步就能赢。但要赢什么呢？生命并非一场比赛，慢下来，享受过程吧！

救火车

无论孩子遇到什么问题，救火车类型的家长都会警铃大作，风驰电掣地赶到现场。

良好行为养成术 23：合理期待

夏天的时候，11 岁的安吉丽娜参加了一个陶艺夏令营。一开始她非常激动，梦想着自己能做出各式各样的陶艺作品来。但是当她做出了第一个歪歪扭扭的陶罐之后，她就变得有点沮丧，觉得自己的手怎么也不听使唤。

在这种情况下，如果你是她的父母，你会怎么做？

其一，为她买一个儿童型的制陶轮，给她报专业陶艺班，为她买更多工具书，督促她练习、练习再练习！

其二，与安吉丽娜一起坐下来好好谈一谈，跟她聊聊练习、耐心及坚持不懈的意义，包括与她分享自己小时候学习针织的故事。你可以建议她用自己的零用钱买些黏土在家里练习陶艺。如果黏土价格太高，你可以赞助她一半的钱。如果等半年后她对陶艺依然有兴趣，你可以再给她报一个陶艺培训班，并购置一些必要的材料。事实上，得益于你的合理支持，她对陶艺的兴趣可能会让她上大学时将陶艺列为辅修专业。如果她中途失去了兴趣，也没关系，有些梦想最后总会消失。探索本来就是孩子成长的一部分。

在孩子成长的过程中，我们应该帮孩子发挥最大潜力。我们需要对孩子的天赋和能力，对孩子所面临的特殊挑战，对孩子最热切的目标和梦想，对可能为孩子带来帮助或伤害的不同境况有清楚的认识，而不应试图去控制孩子。因此，根据孩子的具体状况，对他抱有合理的期待对家长而言十分重要。我们可以帮助他，并让他懂得，成功不是只有一种形式。这是我们身为父母的责任——不是替孩子达成目标，而是凭借自己的知识，对孩子的了解以及爱去为孩子提供支持。

亲子关系永远处于变动之中，受到很多因素的影响，其中就包括父母对孩子的期待。我们都听说过望子成龙的家长，也常常听说对孩子的过高期待（孩子往往对这些期待没多大兴趣）给亲子关系带来的伤害。这些故事往往令人难过，要么是孩子浪费时间去读一个他毫无兴趣的学位，要么是孩子独立去追求自己的梦想，却因此失去了父母的爱和尊重。我们常常见到有些孩子为了满足父母的期待而硬着头皮去打曲棍球或参加艺术比赛，结果不但自己饱受失败之苦，还得面对家长不满的脸色。我们都不想让这种事发生在自己的孩子身上。

有时候，我们会把孩子的梦想当成自己的梦想。如果儿子想成为一名急诊室的护士，我们就会想方设法把他送进顶尖的护理学院。如果女儿想当一名机械工程师，我们就会动用朋友的关系为她找一个实习机会。简单来说，我们想给孩子最好的东西，如果他的能力不够，我们宁愿替他付出必要的辛苦，但是我们给孩子的东西真的就是最好的吗？

我们往往只是自以为了解孩子的需要，并把我们觉得“对他好”的东西硬塞给他或连哄带骗地给他，同时剥夺了孩子独立思考的能力和自己努力的机会。孩子需要我们的支持，但不需要我们的控制。

首先，正确认识孩子，即接受他不会成为顶尖人物的事实。他也许会成为一个了不起的幼儿教师、一位无私的消防员、一位热情的服装店经理。尽管孩子有各种各样的目标，而且他达成目标的愿望与我们一样强烈，但我们必须明白并帮助孩子也明白：由于各种原因，我们可能永远无法实现这些目标。

其次，给孩子必要的支持。设法使自己对孩子的期待与孩子对自己的期待相符。"及格就行"的心理与远大梦想之间的界限非常模糊，为了让孩子对自身也能有合理的期待，我们需要教会孩子如何在脚踏实地、留有退路的同时抓住机会。我们当然不愿粉碎孩子的梦想，但如果能鼓励孩子对不同的领域（例如从航空机械到汽车维修再到体育赛事播报）保持同样的兴趣，就能帮助孩子在追求梦想的同时也获得现实的支点。因此，即便孩子的体格确实有当奥运会选手的潜质，我们也应当鼓励他关注自己的学业。这样，万一他不够幸运（或不够刻苦、不够坚韧），至少还有退路。

最后，合理期待并不意味着放弃自己的孩子。如果你的孩子无论如何也无法克服自己的羞怯，那么当孩子想退出学校的合唱团时，你就应该答应他的请求，即便他有很好的音色。重点是，无论孩子干什么，你都应该帮他发挥出潜力。过高的期望会打击孩子的自信，而过低的期望则无法使他发挥自己的全部潜力。只需一点点调整，你就能在过高与过低的期望之间掌握合理的平衡。

> 过高或过早的期待只会削弱孩子的潜力。那些从小就被父母期待着长大后能成为医生、律师或科学家的孩子往往会产生自卑感。如果我们把目标定得太高，孩子除了把自己当成侏儒外，还能怎么办呢？
>
> ——沙法丽·萨巴瑞，《父母的觉醒》作者

技巧与指南

- 务必让孩子懂得，做一件事最重要的是倾尽全力和享受乐趣。举例来说，数学课也许并不总是那么有趣，但它依然很重要，值得他倾尽全力学好。
- 你可以向孩子提出建议，但要让孩子自己决定志向。如果他想成为学校校刊编辑，那么你应该鼓励他制订相应的计划。你可以跟他聊聊这件事，也可以提供一些建议，但要避免全盘主导孩子的计划。记住，如果你对孩子持有合理的期待，就算孩子最后的计划没有成功，也应该坦然接受。
- 如果你发现自己常常要出面替孩子完成某些事，那么你对孩子的期望可能太高了。如果你需要强迫孩子做某些事，那么你对孩子的期望显然是不合理的。
- 只有在极为例外的情况下，你才可以代表孩子跟他的教练、老师等其

他相关责任人直接交流。

- 尽量不要去关注孩子的成就。把重点放在鼓励孩子的热情、勇气、仁爱等积极品质上。
- 注意自己对别人的态度。如果你对建筑工人态度傲慢，或仅仅对上过大学的人表示尊重，那么孩子就会觉得只有某些“有成就”的人才值得尊重。
- 如果你的孩子对某一学科或某一项活动真心感兴趣，并想对该领域有更深入的了解，请务必提供帮助，但要确保让孩子占主导地位。
- 如果你的孩子中途对自己选择的活动失去了兴趣，你需要督促他坚持一段时间（例如一个学期或一个完整赛季）。与此同时，你需要弄清孩子失去兴趣的真正原因，如果原因与孩子选择的活动本身完全无关，你就需要想办法解决存在的问题。如果孩子最后依然想放弃，那么就让他放弃好了。

Q&A 我们为什么不能对孩子寄予宏伟的梦想，期待他成为最优秀的人呢？

期望孩子成为优秀的人，本身并没有错，毕竟，身为孩子的父母，对他的期待通常都是好的。不管你多么不愿意承认，事实上，孩子的梦想很大程度上都来自父母。但是，孩子需要探索自己真正感兴趣的领域，仅仅为了满足父母的期待，其结果可能是双方都难受。举例来说，如果你的孩子对滑雪运动有兴趣，你也想让他在这方面有所成就，因此不惜花大价钱为他在高级越野滑雪俱乐部报了名，你自然希望他能把这项运动一直坚持下去。如果他中途遭到了挫折或失去了兴趣，他显然能体会到你的不满："你知道我们在滑雪上为你投资了多少钱吗？"就算他坚持下去，但如果成绩不好，你那掩饰不住的失望表情也会告诉他，在你眼中他还不够好。

Q&A 你说的这些仅仅与对孩子的"过高"期待有关，而我的孩子最大的梦想就是整天玩电脑游戏，我该拿他怎么办？

对孩子最了解的人莫过于父母，也许你的孩子将来会成为一个优秀的游戏设计者呢！但从另一方面来说，如果你和家中的其他成员能给孩子一些温和的劝告及合理的限制，他就会把注意力转到别的目标和梦想上去，而不是只想着如何能在游戏中升级。

虽然不给孩子过大的压力是对的，但有时你确实需要适当地督促孩子。如果你觉得自己对孩子的期望过低，以至于他无法完全发挥潜力，那么你需要以渐进的方式抬高他的目标。如果他的兴趣太多，那么你可以让他选择一个特定的培训班或活动。之后你需要限制他使用电子产品的时间，好让他把更多的时间花在自己的新活动上。如果他表现最好的时候也只有中等水平，你就需要多帮他练习相关的技巧（包括家庭作业的技巧），以提高他的成绩。

良好行为养成术 24：让孩子学着接受失败

杰克逊想参加少年棒球队，但是他不想练习，不想参加选拔考试，他将希望寄托在父母身上。首先，缠着父母大哭大闹，让父母明白他多么想参加少年棒球队。然后，将自己扮成一个受害者，抱怨教练对他如何不公，告诉父母说集训让他很难受，阳光太刺眼。而且他相信，只要给他一个机会，他一定能成为最棒的投球手。之后他设法让父母感到内疚，指责他们只顾自己忙碌，不肯花时间陪他在后院练球，并对他们说，如果他没法进棒球队，整个未来就会受到影响。经过这一系列过程，杰克逊的父母开始打电话，恳求棒球队教练至少给杰克逊几次参加比赛的机会。

杰克逊显然是把父母当作自己通向成功道路上的压路机，这是典型的自私心理。这样的孩子会觉得自己应当获得成功，别人帮他获得成功是再正常不过的事，根本不愿意尝试自己奋斗，因为少了别人的帮助，他压根不可能成功。当他长大后，依然会指望着别人把他的生活变得一帆风顺，但他只会遭到双重打击。

现在你已经懂得了如何合理地调整对孩子的期待，使之与现实相符，也知道了该如何避免为孩子铲平前进道路上的一切障碍（以及避开为一切替孩子做主的倾向)，剩下的就只是放孩子独立飞翔了。

但是你很清楚：孩子一定会失败。和所有的父母一样，一想到自己的孩子会摔跟头，你就会感到很不舒服。比起眼睁睁地看着孩子代数作业不及格，你宁愿替他完成代数作业。

> 不要以我的成功来评判我，请以我失败后又重新站起来的次数评判我。
>
> ——尼尔逊·曼德拉

尽管我们无法因自己的孩子想学习飞翔就放任他披着被单从高处跳下来，但是在很多事情上，如果我们能放手让孩子自己去面对失败，对其成长反而更有利。如果需要的话，你可以跟孩子详细谈谈失败的原因，并鼓励他在下次遇到同样的事情时做出更好的决定。

现在你已经懂得了让孩子面对失败比为他扫清一切障碍更有利于他成长，接下来你应该帮孩子直面这一事实，即生活的道路充满险阻，而且没有人能帮他克服这些险阻。那么，你该如何教会孩子面对失败？更重要的，如何教他从失败中获益？

实践篇

首先，一定要让孩子知道你对他的期待是合理的。这无法通过一次长谈就完成，而要在孩子的整个成长阶段，抓住每个小小的机会让他明白这一点。

然后尽可能多地向孩子强调这一点：你对他最大的期望就是他能尽自己的全力，以令人敬重的方式去争取成功。不要把关注的重点放在孩子的具体成绩上。你可以对孩子说："我知道历史不是你最喜欢的科目，但你依然需要尽力去学好它，正如你应当尽力学好其他科目一样，这意味着你需要认真阅读课本，完成家庭作业，积极参与课堂活动。如果你尽力去做的话，自然会取得不错的成绩。"此外，你还需要让孩子明白，你对他的爱是无条件的（你应该用实际行动而不是言辞来证明这一点）——不管他能否在科学竞赛中获胜，你都一样会爱他。

当孩子遇到挫折时，请与他谈谈，如有必要，可以提供一定的协助，但不要代替孩子解决困难。他也许需要你提供一些有用的建议，也许需要你指出失败的积极一面，也许需要你帮忙制订一个备用计划，也许只是需要你的一些同情。如果孩子不太把失败当一回事，你也不应该太在意它。但一定要让他明白，他可以尽情向你倾诉自己的感觉。如果孩子遭受的打击特别沉重（例如没能考入自己心仪的大学等），那么你需要每隔几天或几周就了解一下孩子的状态，以帮助孩子逐渐克服所遇到的失败。

你自己在生活和待人接物方面也要保持一种"失败没什么大不了"的态度。当你自己遭遇挫折时，也要为孩子树立一个"难过之后就应继续前行"的良好榜样。

技巧与指南

- 如果孩子在进行过一定训练的情况下依然遇到了失败，你也需要坦然接受。利用这些机会锻炼孩子解决问题的能力。
- 并非所有的技巧都需要花高价去学习。例如，如果你的孩子很喜欢足球，你没有必要为他聘请一个专业足球教练，除非你的孩子提高技巧的愿望格外强烈。如果我们动不动就为孩子聘请私人教练，等于告诉孩子：其一，你的水平不够好，你需要额外帮助；其二，如果你想继续追随自己的兴趣，就必须有人给你特别的指导。
- 如果你能在孩子的健忘症、拖延症等毛病一再发作时不去提醒他们，并让他自行承担由此带来的后果，那么孩子就能通过遭遇失败—解决问题—汲取教训这一过程最终走向成功。
- 在让孩子独自面对失败的同时，你也不可对其完全置之不理。你可以与孩子一起谈谈解决问题的办法，但在克服错误的过程中，始终要让孩子掌握主导权。可能的话，请帮助孩子实施他想到的方法，而不是直接把你的方法提供给他，除非他真的对如何解决问题毫无头绪。

Q&A 我的女儿总是重复犯下相同的错且屡教不改，我该怎么办？

当孩子犯下与之前类似的错误时，你也务必要保持对她的信心。比如，你的女儿正在学习园艺，去年她在园艺上的收获只是三个发霉的胡萝卜和一个没成熟的西红柿。她今年还想继续学习园艺的话，请不要拿她去年的失败说事。你可以引导她从去年的失败中汲取教训，例如对她说：“你今年要不要换个方法？如果你想买什么想要的东西，我这个周末很乐意陪你逛逛园艺商店。”我们在学习一样新东西时，往往需要足够充裕的空间容纳自己的错误，对孩子而言尤其如此。“你去年除了一堆杂草什么也没收获，今年还要再试一次吗？”这样的话只会打击孩子的信心，使她未来不敢再冒险。

良好行为养成术 25：用鼓励代替赞美

凯拉是个了不起的孩子。她年纪虽小，但取得的成绩却令人赞叹不已。3 岁时，她已经能不哭不闹地跟着父母逛商场了。当然，为了奖励她的良好表现，父母让她挑了一件玩具。她也会因为每天自己穿衣服、对别人说“谢谢”和准时上床睡觉而得到奖品。毕竟，这样的优良行为的确值得奖励。

还没上幼儿园时，凯拉就已经画出一幅漂亮的画，这幅画堪称“人类历史上最优秀的树木绘画作品”。第二年，在她父母的口中，她已经是“世界上最快的跑步健将”“校合唱团中最优秀的歌唱家”“篮球队最佳投球手”，以及“学校里演《灰姑娘》中的老鼠演得最好的人”。

整个青少年时期，无论她是在作文比赛中获得了优胜，还是只是饭前洗了洗手，凯拉的父母都会热情地表扬她：“干得好！”“你是最棒的！”“真为你骄傲！”

我知道你在想什么：给予孩子表扬和奖励有什么不对？告诉孩子他多了不起又有何不可？毕竟，我们是他的父母，如果我们不对孩子说这些话，还有谁会跟他说？他要知道自己做的事是对的，不是吗？

问题是现在这个时代，人们对孩子过于宽容。哪怕他在游泳课上没取得任何进展，只是准时上课，并在水里划几朵水花也能得到奖赏。我们希望孩子对自己有信心，这本身是件好事，但始终对孩子说“他最棒”，却不让孩子为迎接真实的生活而做好准备，事实上并没有帮助孩子成长，只是在助长孩子的自私自利，而不是他的信心。这样一来，我们等于为孩子的失败铺就了道路。

我们不是不能对孩子说“以他为荣”，但我们需要留神该以何种方式告诉孩子这些话。同样重要的是，我们需要利用这些机会激发孩子自身的热情和斗志，而不是造成不良的后果。

首先，如果孩子知道自己表现如何，一旦听到我们说“这真是我见过的最棒的水彩画”之类的话，无疑会觉得我们不真诚，孩子并不是傻瓜。他也许会对我们的赞美报以微笑，但在心里，他宁愿听到真话，也不愿听我们说这些毫无意义的套话。举例来说，如果你的孩子一连三个星期每晚都很努力地练琴，在演奏会上依然表现得一塌糊涂，而你却对他说：“你是乐队里演奏得最好的人！”孩子从你的话中得到的伤害将远大于鼓励。如果他根本没怎么练琴，最后的演奏却大获成功，你的赞美只会让他觉得自己是学校里最优秀的演奏家，且会觉得练琴根本是浪费时间。

其次，赞美往往是用我们自己的想法去代替孩子的想法。当我们对孩子说“我很喜欢你画的花朵”或“我以你为荣”时，也是在无意中让孩子适应别人的判断，而不是遵循自己内心的标准，这样他无法形成自我评判的能力，将来也无法自己做出决定。为了扭转孩子对外部标准的依赖，让他成为自己最大的粉丝，当他完成一幅画时，你只需简单地问他：“这幅画什么地方让你最喜欢？”或赞扬他说：“你一定很为自己感到骄傲吧！”

再次，对孩子的赞美容易给他贴上各种标签。我们的孩子不都是又“聪明”，又“风趣”，又“有体育天赋”吗？很多时候，我们为孩子贴这些标签是为了让他对自己更有信心，为了鼓励他继续从事某项活动，甚至让他为自己的兄弟姐妹树立一个良好的榜样，以便让他的兄弟姐妹也能表现得一样好。但事实上，这么做只会起到反作用。弟弟在球场上屡屡摔倒，而哥哥每次都能得分，把哥哥称为“明星选手”，只会让动作不够协调的弟弟更加难过。

最后，在父母的赞美之下长大的孩子在遇到生活中难以避免的挫折时，往往也缺乏独自应对困难的能力。对于那些习惯于得到父母称赞的孩子来说，考试中仅仅得到C或参加体育活动时被罚下场不堪忍受。这些情况不仅会让他感到手足无措，更会让他对自己的老师或教练心生怨恨，以为自己受到了不公正的待遇。

> 赞美也许能促使孩子改善自己的某些行为习惯。问题在于，这也会让他们形成讨好型人格，变得只爱听溢美之词。
>
> ——简·尼尔森，《正面管教》作者

如果离开了奖赏，当孩子有良好的表现，我们该对他说什么，才能使他将这些良好行为保持下去？答案是：鼓励。这一方法能帮助你以合适的词语告诉孩子，你注意到了他所表现出的勤奋、奉献、仁慈等积极品质。如果家长能重点关注孩子的积极行为和美好品质，就能有效地调动起孩子的内在动力，从而帮助孩子认清自己所付出的努力与自然后果之间的联系（例如，在家里练习投球能帮助他在赛场上赢得奖杯）。他也会由此懂得，即使他是球队里的明星或班上的优等生，他也不能因此放弃努力或优哉游哉地混日子。相反，他会意识到，正是自己的积极行为才为自己带来了正面结果。因此他会将自己的正面行为一直保持下去。

当你想对孩子说“你真棒”时，鼓励都能派上用场。作为一种有效的育儿方法，鼓励能够轻松地取代物质奖励发挥作用，因为鼓励的话语实际上比棒棒糖更甜（当然是从潜意识的角度而言）。当你想夸孩子所表现出的良好行为时，就用鼓励的方式告诉他吧。

实践篇

首先告诉你的孩子，他正在成长，应该越来越独立，即便没有父母的夸奖，也应该培养自己的良好行为，并承担相应的责任。先从某个方面开始实行这些新规则，在开始之前，对孩子解释一下新规则的意义：当他五门功课都得了 A 时，你不会再与他击掌相贺；他再收拾自己的屋子时，你不会说“你是世上最听话的孩子”。他以后依然能得到各种奖励，但他不会再因为做了自己本该做的事而得到夸奖。这种转变是成长的一部分。

这一方法较为艰难的地方在于：你的孩子可能不会喜欢你的新规则，开始的几个星期里，他可能会感到很失落，因为他觉得自己一句赞美都没得到。尽管放心，他慢慢就能适应，特别是如果你能频繁地借助正面鼓励的方式调动孩子的内在积极性的话。很快你就会发现，你的孩子将变得足够自信，他不再为得到一句夸奖而做事。

当你发现孩子做了一件正确的事时，例如他又快又好地做完了数学作业，你的第一反应可能是夸孩子一句“你真聪明”，但这时你要做的就是闭紧嘴巴，然后想想孩子的行为本身有什么值得鼓励的闪光点。你的目标是通过向孩子指出他行为的积极意义，促使他将这些行为保持下去。如果你想表扬他不受干扰地一口气写完作业的行为，你可以说：“你今天精神真集中，怪不得你这么快就做完了作业。”孩子会因为受到了你的关注而开心，第二天写作业时，他很可能依然会继续高度集中精神。如果你只是对他说一句“你真聪明”，他可能会觉得自己不用那么努力了，因为他天生聪明。

但如果你的孩子真的有天赋，可以毫不费力地驾驭自己的学业和体育活动呢？你不妨鼓励他尝试额外的挑战，做更深入的探索，并对那些在学业和体育活动等方面颇感吃力的人施以援手。如果你的孩子连书都不用看就能在数学考试中拿到最高分，你可以从图书馆借一本高等微积分的书，故意放在他的早餐桌上（或鼓励他加入学校的数学兴趣小组、学习象棋、为低年级的孩子辅导功课等）。同时别忘了提醒他，有天赋并不代表他可以不努力。即便他觉得数学课很简单，但写作课并不轻松。你不应对他在数学课上轻易获得的高分表示惊叹，应该把鼓励的重点放在他为提升文科成绩而付出的努力上。记住，相比孩子轻轻松松就能得到的 A，他付出努力才拿到的 B 更应该得到你的鼓励。

鼓励孩子的实用技巧

父母在鼓励孩子时会不自主地把鼓励变成赞美。以下是一些实用技巧和经验，以供参考。

- 称赞孩子的积极行为，而不是孩子本身。不要说“好孩子”，试着说：“不用别人提醒，每周你都能主动清理宠物的笼子，这种行为正是爱心的体现！”

- 称赞孩子的行为，但不要给孩子贴标签。不要说“你可真聪明”，试着说“你在学习上的额外付出让你取得了好成绩”。

- 说说你看到的东西。如果你让孩子打扫游戏房，而孩子做得非常好，这时你可以说：“书都在架子上，玩具在盒子里，地板很干净，全部任务都完成了！”

- 把关注点放在孩子的努力、团队精神、仁慈、坚韧、上进等良好品质上。如果孩子在网球比赛中获得了胜利，不要对他说“你是最棒的”，而要说“你坚持练习举重是有效果的，因为你反手击球的技巧显然进步了很多”。

- 不要强调你自己。试着用“你肯定感到很自豪吧”代替“我真替你感到骄傲”。记住，尽管你应该为自己的孩子感到骄傲，但重要的是让孩子为自己而骄傲，因为这有助于调动他自身的积极性。

- 避免关注结果。应该试着把结果与孩子促成这种结果的行为联系起来。例如，你可以对他说：“你的加倍练习为你赢得了这次独奏的机会！”

● 问问题，而不是直接表扬孩子。孩子将会很乐于向你解释他的成功经验。例如，你可以问孩子：“你的柜子真整齐，你是如何做到这一点的？”

● 让孩子表达自己的感受比让他倾听你的意见更有利。当你想表扬孩子所取得的成绩时，或孩子觉得自己该受到表扬时，你可以先问问他自己的感受：“你对自己的艺术作品怎么看？”这样一来，孩子也能更深切地体会到你对他的关注。

● 有针对性地谈谈孩子所展现出的优良品质。与其对孩子说：“你真是个甜蜜的好宝贝！”不如对他说：“弟弟跌倒后，你主动把自己的饼干分给他吃，从中可以看出你慷慨大方的品性。”

● 有时仅仅是简单的一句“谢谢你”也能取得神奇的效果，因为你的鼓励能为孩子带来强烈的地位感。当孩子主动把洗碗机里的碗碟都拿出来时，相比一句干巴巴的“做得好”，你不妨说：“真的太感谢你了，你为我节省了不少力气！”

● “我爱你”也是一种鼓励，而且永不过时。

> 鼓励的作用是长期的，而赞美的作用只是一时的，别把二者弄混了。
>
> ——凯丽·巴雷特，《给孩子的鼓励话语》作者

把赞美化为鼓励

请根据下面的表格，把赞美的话改成鼓励的话。

赞美	鼓励
你是天底下最好的姐姐！	你肯把自己的玩具给弟弟玩，这让他非常开心！
	你为妹妹穿衣服时，表现得很有耐心！
你是球队里最棒的球员！	你花了那么多时间练习左脚射门技巧，你的努力总算得到了回报！
你真聪明！	你花在学习上的时间为你赢得了好成绩！
	你预先制订了复习计划，准备考试也很认真，结果证明你的努力没有白费！
干得好！	谢谢你花时间把这些东西放回原处！
	真的很感谢你的帮助！
你画得真好！	你对自己的这幅画的什么地方最满意？
	你好像很喜欢绘画！
我真为你骄傲！	你肯定很为自己感到自豪吧！
	你真应该为自己的辛勤努力而感到自豪！
你真是个乖男孩 / 乖女孩！	你对公园里那个受伤的女孩施以援手，你真善良！
	你能主动来帮助我，真是太感谢你了！

技巧与指南

- 与奖赏不同，你可以随时随地给孩子鼓励，你的孩子也一定会因你注意到了他的努力而欣喜不已。

- 灵活地使用鼓励的方法。当孩子在棒球比赛中取得了最高分时，你可以大声表扬他说："你真的太棒了！"但当狂喜的一刻过去之后，你还是要冷静地鼓励他花更多时间去练习球技。
- 无论孩子获得了成功还是遇到了挫折，你都可以鼓励他。只是要把重点放在你希望他继续保持的积极行为上。
- 对孩子的鼓励一开始也许显得有点别扭。给自己一点时间，你不妨从鼓励孩子的某一行为开始。多练习几次之后，你的技巧就会更为纯熟。
- 避免使用"完美"一词。世界上根本没有什么东西是完美的。

Q&A 我总是不知道该对孩子说什么，这该怎么办？

也许你始终找不到合适的词表达对孩子的鼓励，但即便你只是用鼓励代替半数的表扬，孩子也会因此而受益匪浅。多练习几次之后，你对孩子的鼓励就会变得更自然。很快你就不用再费尽心思去想究竟该怎么鼓励孩子了。一句及时的"谢谢你"能在鼓励孩子独立承担责任方面发挥奇效；一句"你真的很努力"（前提是孩子在完成任务时确实认真付出了）也能有效地激励孩子为实现目标而奋斗。

Q&A 如果事事鼓励孩子，会不会让他觉得自己不全力以赴也没关系？

如果我们只在孩子表现良好时才对他表示认可，孩子难免会感到气馁。这样一来，孩子会把我们当成裁判，而且会觉得他永远得不到我们的认同，因为只有他完全达到我们的期望时，我们才会鼓励他。育儿专家薇薇安·包霍特曾打过一个比方："这就好比是对品种优良的蔷薇说：'你能开出美丽的花朵，我才会给你施肥。开吧，我知道你能开出这样的花。'"事实上，孩子任何优良的行为、任何微小的进步都值得鼓励。如果你能坚持下去的话，任何来自你的鼓励，都能激励孩子更为积极地发挥自己的潜能。

给聪明人提个醒：避免"赘语"

没有什么比"你要是能一直这么努力就好了"更能抵消"你的努力有了回报"这句鼓励所带来的良好效果了！这就是所谓的"赘语"，这是管教策略中的一个术语。它指的是，你说完一句近乎完美的鼓励话语之后，又忍不住加上的半句"俏皮话"。家长在说这些赘语时，往往自以为是在开导孩子。你想告诉孩子一个重要的道理，但是小心，你一句多余的话可能会完全摧毁鼓励所带来的积极效果。得益于我们的鼓励，孩子自己能逐渐形成良好的行为，用不着我们再去画蛇添足地说一些多余的话。更重要的是，赘语只会激起孩子的防卫心理，干扰他形成良好行为的尝试，并让他感到愤怒、内疚或沮丧。我知道当你想让孩子明白一样道理时保持沉默有多难，但这时闭紧嘴巴对孩子更有利。

第七章 合理规划零用钱

引子

让孩子做事该不该付钱?

在育儿的过程中，如何教孩子形成正确的金钱观是个相当棘手的问题，你的疑惑将在本章中得到解答。你还可以了解到，如何避免让金钱沦为孩子的奖赏，为他付钱是否合适，如何把零用钱变成有效的教育手段等一系列知识。

14 岁的布雷顿、多米尼克、威廉和马修是好朋友。一个阴雨绵绵的周六，他们决定去看电影，于是都匆匆跑回家拿钱去了。

布雷顿回到家，央求爸爸说 :“能给我一点钱让我去看场电影吗? 多米尼克他们都会去! ”

他的爸爸有点犹豫，对布雷顿说 :“上周你去逛购物街时就跟我要钱了，还记得吧? 你还说想买件新夹克呢。”布雷顿提醒父亲说，他购物只不过花了十几美元。那件夹克他可以留到生日时再要。他的妹妹总能得到比他更多的零用钱。几分钟之后，爸爸给了他一点钱，只够他看电影，连买爆米花都不够。“希望你玩得开心！”爸爸对他说。

多米尼克急匆匆地跑回家，一把抓起他的存钱罐。幸亏上周他的科学课和艺术课都得了A，父母奖励他10美元。另外，他每天都坚持练习长号，并帮弟弟辅导数学课，他的父母也会因此给他钱。但要买电影票、爆米花和可乐，他还差十几美元，于是他去求妈妈。他的妈妈答应补齐他差的钱，条件是他得准时回家吃晚饭。

威廉回家查看了自己的“小金库”之后，发现自己只剩一点钱了。但他想起妈妈还欠他每周做家务的钱，于是找到妈妈说，他每天都自己整理床铺，一天两次把洗好的碗碟从洗碗机里拿出来，此外他还倒垃圾、剪草坪，她应该为他做的这些事付钱。每次威廉为父母干了什么活，他都会不遗余力地向父母要钱。他的妈妈付给他钱之后，他立刻就去找朋友们了。

马修满怀希望地打开钱包，但里面只有两美元。他用自己存下的零用钱买了一些糖果和汽水，下载了一些歌曲（他现在有点后悔下载这些歌），此外还给自己买了一顶棒球帽。他想去爸爸那里预支一些下周的零用钱，但他心里已经知道答案了。“抱歉，儿子。我想你很清楚我们的规矩。”他的爸爸说，如果他能在自己应做的日常家务之外再多干点别的活儿，就可以多得到一点零用钱。但电影很快就开始了，他已经没有时间再去干别的活儿了。他的父母可以借给他钱，但他付不起他们要的利息，尽管利息的数目并不大，因为他正在攒钱买一个新滑板。最终，失望的马修只能打电话给他的朋友们，问他们是否愿意在电影结束后再聚，因为他没法跟他们一起看电影了。

在这个故事里，你很可能从其中某个（或某几个）男孩的身上看到了自己的育儿方式。事实上，多数孩子从很小的时候起就对金钱有概念了——钱是从爸爸妈妈的钱包里来的，而且可以买各种炫酷的好玩的东西！这一观念会一直停留在孩子的头脑里。很多父母会在孩子有需要时随手给一笔钱（布雷顿），把钱当作给孩子的奖赏（多米尼克），当作孩子做家务的酬劳（威廉），要么就只是给孩子零用钱（马修）。

对绝大多数父母而言，以上这些情况可能都会存在。而其中，把钱当作奖赏的行为最为普遍。为了让孩子做事，我们很容易形成求助于物质奖励或金钱“贿赂”的不良习惯，毕竟从短期来看，物质激励的手段还是十分奏效的。但动不动就给孩子奖赏，那些习惯了靠自己的“良好行为”从父母那里得到钱的孩子会认为，只要自己达到父母的最低要求，例如在商店里不哭不闹、完成某些家务、不跟父母大声顶嘴等，就该得到钱（或其他物质奖励）。毕竟，如果过去他一直都能得到父母的奖励，未来这样的奖励岂不该一直延续下去？这样一来，如果你想让孩子做任何超出最低要求的行为，要么给孩子钱或接受他提出的其他条件，要么转而对他唠叨、呵斥，而这正是你一开始极力想避免的。正因为不愿唠叨和呵斥孩子，你当初才选择了给钱。

有研究表明，那些伴随着父母的金钱奖励长大的孩子往往会变得既自我又拜金，他们常常想的是“我能得到什么”而不是“我能怎样去帮别人”。他们习惯于不付出任何东西就得到回报，也不愿去面对挑战，除非有十足的把握能得到丰厚的回报。

根据《奖励的惩罚》一书的作者埃尔菲·艾恩的说法，奖赏只会降低孩子对良好行为的热情。我们给钱给得越频繁，孩子对我们想让他做的事情就越没兴趣。艾恩写道："这不是懒惰，而是人性。这正是奖赏的效应。如果我们问'奖赏能刺激学生更加努力吗？'答案是：当然能！但它只能刺激学生更加努力地去获得奖赏。在需要创意的领域，这一点表现得尤为明显。"对这一结论的真实性我们都不陌生。"这个知识点会在考试中出现吗？"是你上高中的孩子挂在嘴边的问题。如果老师没有严格按照考试范围去讲课，你的孩子就会不满：太不公平了，干吗要我们学那些"没用"的内容？

我们应该教会孩子把金钱视为一种有局限性的工具，这样孩子就不会形成对待金钱的自私心理，反而能把重点放在如何有效地利用金钱上。

良好行为养成术 26：没有附加条件的零用钱

要是问孩子“钱是从哪里来的”，他当然知道钱不是树上长出来的，钱来自爸爸妈妈的钱包！从孩子不断扩大的要求来看，他肯定也觉得父母钱包里的钱是会成倍增加的。既然孩子知道我们手中有钱，他就一定会向我们要这要那。不论孩子要什么，我们都会随手把钱给他。

这种模式存在一个问题：无论买任何东西，主导权都在父母手上。固然，很多时候父母都知道什么对孩子最有利。当孩子想花 5 美元买一把玩一次就坏的水枪时，他们能及时阻止孩子。但如果所有的决定都是父母来做，孩子就永远学不会如何独立决策，也永远无法掌握自己所需的财务技巧。

既然他总能从父母那里要到钱，东花一点、西花一点又有什么不可以呢？孩子会养成胡乱花钱的坏习惯，而这正是父母极力想让孩子长大后避免的恶习。当然，如果孩子一辈子都靠父母养活就没关系。

我并不是说父母绝对不能为孩子的意外消费买单，而是说，如果孩子一要钱就给成了一种常态，那么家长就要警醒了。下面介绍的方法能让你避免上述情形，并帮助孩子养成合理的消费习惯。

在孩子的整个青少年时期，给孩子零用钱却没有附加条件这一方法是你教孩子学习独立承担财务责任的首选，前提是你能正确地运用它。借助这一方法，你的孩子将学会储蓄、消费、推迟欲望、捐赠、借贷、做预算及投资等一系列理财技能。他也会养成在购买前斟酌的好习惯，并将学会如何应对购物之后又懊悔不已的情况。你甚至可以利用这一方法教孩子为特殊事件（例如假期礼物、开学用品等）准备预算或还信用卡账单。基本上，这一方法足以教会孩子应对大人所面临的一切常见财务状况，只是所涉及的金钱数额较小而已。如果孩子能在自己还很小的时候就从自己的消费行为中学习，不管是积极的行为还是消极的行为，都能形成让他终身受益的财务观念，这对孩子而言该是多么宝贵的一笔财富！

实践篇

为了让孩子养成良好的财务习惯，在使用“没有附加条件的零用钱”这一方法时，请遵循以下六个标准：

1. 将零用钱与其他事物脱钩。你可能觉得孩子做家务时给他一点报酬就能让他做得更好，问题是这种手段的效果很难持久。虽然多数家庭都不会以金钱作为唯一的奖励手段，但某些孩子确实靠学业上的好成绩、靠照看弟弟妹妹或仅靠不在弟弟临睡前给他讲鬼怪故事就“赚”到了为数不少的金钱。在这些孩子看来，只要自己的行为还说得过去，父母就应该奖给自己金钱。如果他真的靠自己的努力在学校的乐队获得了名次或在科学博览会上获得了荣誉，父母要是奖励他金钱，将会破坏获奖本身带给他的自豪感。这样一来你的孩子就无法直接赚零用钱花，但有很多方式可以让他学习与理财有关的知识。这一方法的本质并不是教孩子如何赚钱，而是教他如何合理地花钱。使用这一方法时，即使你的孩子表现不够好或没有做家务，你也应该按时给他发放零用钱。（别忘了，你可以使用本书介绍的其他方法纠正孩子的这些问题，例如“只有……才能……”“选择自己的行为”“二选一”等。）

2. 列出详细预算。总有家长问我：“我给孩子多少零用钱才合适？”如果我们把重点放在具体的金额上，就本末倒置了。你首先该决定的是孩子应如何支配自己的零用钱。根据孩子年龄的不同，你可以告诉孩子，你希望他把钱花在哪些东西上——为自己买几件衣服，为家人买生日礼物，为自己养的小仓鼠买食物，下载付费音乐，学校的午餐费……你给孩子的零用钱应当足够应付这些日常开支，此外还要让他能有点结余，以便让他去买想买的东西，但又不能多到让他无忧无虑。

3．零用钱是用来“花”的。给孩子“没有附加条件的零用钱”是教孩子学做预算的大好机会，特别是当你 12 岁的孩子想让你帮他弄清楚，他需要攒多久的钱才能买下自己心仪的网球拍时。但别忘了，“买下让自己懊悔的东西”也能让孩子获得宝贵的经验。只要孩子买的东西不在你的禁买清单上，他就能从错误中获得成长。这不正是我们给孩子零用钱而不带附加条件的意义吗？

4. 列出禁买物品。为孩子的零用钱设置一些条件，让孩子知道哪些东西是不许买的，但你的禁买清单要尽可能地简短一些。例如，你可以禁止孩子买限制级的电影、仅限成人玩的电脑游戏、过于暴露的衣服和超量的垃圾食品。

5. 打消救援的念头。如果你打算使用这一方法，就先得做好准备，有时孩子的钱花光了，就会眼泪汪汪地来求你。这时，你应该果断地拒绝，虽然这会让孩子感到失落，但没有什么比这样的经历更能让他懂得节约的意义了。

6. 让孩子承担更多财务责任。随着孩子年龄的增长，你可以鼓励他将自己的钱存入银行，为自己选择的公益组织捐款，甚至可以鼓励他进行投资。这些活动能让孩子看到合理支配零用钱带来的全部收益，同时能让他以成人的眼光去理解现金流的意义。

如果你一直以来都因孩子做家务而给他零用钱，当你告诉他以后不用做家务也能拿到零用钱时，孩子一定会欢呼雀跃。但你可以利用前面几章介绍的方法督促孩子继续做家务。

很多采用了这一方法的父母会在孩子过生日时多给一点零用钱，这时别忘了也要相应地增加他应承担的财务责任，即增加他需要自己花钱支付的项目。这样，等到孩子高中毕业时，他就会习惯于多数时候都用自己的钱付账。

如果你控制不了自己的钱，你就永远只能被缺钱的事实控制。

——戴夫·拉姆齐，《改变你一生的理财习惯》作者

不同年龄阶段的零用钱

请根据下面表格的内容，合理分配孩子的零用钱。

年龄	孩子可以用零用钱买的东西	孩子能学到的东西
4~5 岁	玩具、糖果。	推迟欲望。父母可以在孩子的生日和重大节日为孩子买玩具，除此之外孩子得自己攒钱买他想要的玩具。逛商场时，孩子的基本生活用品需要你买。但购物清单之外的糖果等物品需要孩子用自己的零用钱买。
6~10 岁	以上所有物品，外加电子产品和更酷的日常生活必需品。(例如自己攒钱买父母认为没必要买的漂亮运动鞋。)	确定重点。这一阶段，孩子对物品的价格会有一定的要求，他的逻辑思维能力也会进一步增强。他会试着确定哪些东西是自己最需要的。
11~13 岁	以上所有物品，外加在学校的午餐费、学习用品、看电影、下载音乐、买零食及外出就餐的费用。	做预算。孩子会得到比以前更多的零用钱，但他需要自己支付在学校吃饭和学习用品等费用。如果孩子懂得精打细算的话，那么他在必要的开支之外，还能余出足够的钱供自己支配。
14~18 岁	以上所有物品，外加个人护理用品、化妆品、形象维护(理发、美甲)、给朋友的礼物、衣物以及汽车燃油费、车险等（有自己的车以后）。	实际理财技巧。在孩子离家独立生活的前几年，他将学习为数额较大的金钱做预算，以应付与成人社会类似的各种开支。孩子在这一阶段可以通过课外兼职增加自己的零用钱。

技巧与指南

- 应该从何时起使用“没有附加条件的零用钱”这一方法没有固定标准，但一般来说，当孩子开始在商店里向你要东西时（4 岁左右）就可以实施这一方法了。我建议你从孩子上学起就为他制订固定的零用钱计划，因为上学后他的消费需求会增加。
- 你可以更早一点在家里定下这条规矩：只有遇到节日或生日等才能给孩子买新玩具。把这当作家庭生活的一项基本准则坚持下去。
- 预先想好当孩子在商店里忽然向你提出想要一个新的小火车时你的回答，比如：“你想现在就用你自己的零用钱把它买下来，还是先把它放到愿望清单上？”愿望清单可以用于帮孩子归纳自己想要得到的事物，能让孩子更理性地思考自己的财务决定，并提前规划好该如何使用自己的金钱。愿望清单也有助于帮孩子推迟自己的欲望。哪怕一样东西不在他手上，而是在愿望清单上，他会知道，自己有希望在未来拥有它。
- 如果孩子觉得自己想买什么东西，那么逛商场时你可以让孩子带上自己的零用钱。一来能保证他买东西时有钱可用，二来也能让孩子对节约与消费之间的关联有更深刻的印象。
- 克制自己替孩子付账的冲动。因为如果你替孩子付了账，到家后你往往不记得再向孩子要钱，孩子也就得不到相应的经验。
- 随着孩子年龄的增长，在不设前提条件的情况下，逐步增加给他的零用钱及其应该自己付费的项目。
- 如果孩子不断地向你要钱花，你可以使用接下来介绍的“工作招聘”的方法，来帮助孩子自己赚零用钱。

Q&A 我的孩子一个星期内总会把钱花得一分不剩，他无法为自己想买的东西存钱，我该如何改变这个情况？

最好现在就让孩子体验一下朋友们都能去主题公园玩，唯独他去不了的窘境，而不是等到十几二十年后再让他经历。匮乏的体验（例如不得不向表哥、表姐借用物品）将教会孩子精打细算，慢慢地他就会理解：为了应付你要求他独立承担的开支，他需要每周都存上一点钱。如果他没钱为自己的宠物龟买食物，只能眼睁睁地看着它挨饿，那么你可以借助下面将要介绍的“工作招聘”的方法帮他渡过难关。如果孩子依然故我，你可以适当地削减给他的零用钱及其需要自行承担的开支，直到他学会如何做预算。花点时间训练一下做预算的能力，教他使用分类账户或理财信封，好让他更清楚地明白，他不应该把自己得来的每一分钱都用来买小人偶。千万不要在计划的零用钱之外再给钱，这只会助长他乱花钱的习性。帮他解围对他未来的发展只有副作用，且会剥夺他获得宝贵的生活经验的机会。

小方法：做预算

教孩子做预算，具体方法如下：

1. 预先评估。如果孩子有一定的储蓄和消费经验，且具有一定的理性，那么他就能更好地掌握做预算的方法。就算孩子把用来买校服的钱全都用来买名牌皮包，你还是应该给孩子练习的机会（同时与“没有附加条件的零用钱”的方法配合使用）。

2. 列购物清单。你的孩子需要清楚哪些额外支出需要由他自己负担，哪些预算项目可以动用你额外提供给他的定额资金。在列预算时，应把学习用品 / 在校时需要穿的衣物列为首要支出项目。如果孩子年龄较大，他的预算应包括从内衣到睡衣到运动服到化妆品在内的一切东西；而如果孩子年龄较小，则只需列出很少的东西。

归纳一下孩子要买的东西（在合理的限度内）总共需要多少钱，然后把这笔钱一次性给他，务必告诉他这笔钱可以供他使用多久。例如，买冬天的衣服钱是否需要单列？这是否他未来一年之内能得到的全部预算？如果孩子年龄较小，你可以把预算分为不同的小项目——学习用品费、在校午餐费等。而对于年龄较大的孩子，则可以一次性把一年的服装费或娱乐费都给他。

3. 购物之前先比价。鼓励孩子在网上或实体店比较一下价格，而不是看到什么立刻买下来。让他学会善用优惠券和折扣活动，去平价商场和仓储式超市逛逛。

4. 允许孩子在购物时犯错。跟孩子聊聊他想买的东西，但如果他想把自己预算的一半都用来买一条牛仔裤，不要逼着他改主意。当他在寒冬里瑟瑟发抖，后悔自己为何没攒下买毛衣的钱时，他就会学到教训。为了御寒，他可以动用自己的零用钱或靠为家人打扫房间来换一件毛衣穿。

5. 让孩子自己留着省下来的钱。但只有预算周期结束后——可能是一个学期，甚至可能是一年，才能真正把钱交给孩子。等到你又该给孩子的新预算拨付资金时，他从上一年的预算中省出来的所有钱都归他自由支配。这意味着你需要让孩子知道自己预算中的钱都到哪里去了，哪怕他只是在自己的储蓄罐里多存一笔钱。

小方法：借贷

借贷是教孩子学习理财的一个好方法，但当你采用这一方法时，需要符合以下条件：

1. 孩子已经超过 11 岁。一般来说，10 岁及以下的孩子理解不了借贷意味着什么。

2. 良好的信用。如果你以前也曾经借钱给孩子，他能做到及时归还吗？孩子在生活的其他方面能承担自己的责任吗？如果答案是肯定的，那么你就可以把钱借给他。

3. 利息。借钱给孩子时，提前约定一个合理但又能给孩子带来一定压力的利息（对每个孩子的利率都应该一样，每笔借贷收取的利息也一样），并始终严格执行。

4. 偿还计划。孩子需要制订一个合理的还债计划，父母依据孩子的还债计划决定是否要借钱给孩子。

5. 没有重复借贷。孩子一次只能从你这里借一笔钱。

良好行为养成术 27：工作招聘

很多家庭都会在孩子做家务时给孩子一定的报酬（或零用钱），以此来激励孩子完成任务，或把这当成一种为孩子提供经济支持的手段，但你不能随便把钱给他。也许你会想："既然我能从自己的工作中获得报酬，我的孩子为什么不能呢？"可是，你在家里洗盘子能拿到钱吗？换灯泡呢？清理冰箱呢？打扫浴室呢？是的，你的确能从你的工作中拿钱，但你从种类繁多的家务中却拿不到，只因为你的家是你生活的地方，你对它有责任。这并不是说孩子做什么家务都拿不到一分钱，而是说你不该因为他随便做一点家务就给他钱，甚至可以说，孩子做的大部分家务都不应该给钱。无论孩子愿不愿意，他都得洗碗、遛狗、用吸尘器吸地毯……因此，把这些事与金钱联系起来，与你靠唠叨督促孩子洗碗和清理地板并无本质区别。而如果你的孩子不是很需要钱，你让他抬抬指头都难。

若孩子仅仅为了得到金钱而做家务，他付出的代价就是失去为家人做事才能体会到的归属感和地位感。毕竟，为自己所关心的团体而服务的感觉是令人愉快的。同样的，如果我们不能以合理的方式把钱交给孩子，便可能会导致孩子的心理发生扭曲。

你可以借助"工作招聘"的方法让孩子通过在家中多承担一些家务赚取更多的零用钱，并以此让孩子懂得努力工作的意义。这能让孩子明白一个道理：虽然世界上没有免费的午餐，也没有不费吹灰之力就能得来的支票，但他可以设法改善自己的财务状况，如果他愿意的话。

实践篇

假如你 9 岁的孩子正在为自己心仪的游戏而努力攒钱，他还差一点儿就攒够了。正好他的小伙伴周末要过来玩，他很想跟朋友一块痛痛快快地玩游戏，终于孩子来向你借钱了。遇到这种情况，你没必要向孩子说教一番关于节约金钱的大道理。相反，你可以"雇用"他为家里多做一项家务，甚至是两到三项，这取决于他所需的金钱数额。如果孩子准时完成了家务，你就应该按约定的报酬向孩子付钱。

在使用这一方法时，需要遵循以下基本原则：

1. 孩子依然需要承担一般的日常家务。如果孩子未完成自己应做的家务，请根据你事先制定的规矩让其承担相应的后果。告诉孩子，只有在完成日常家务的前提下，才能安排额外工作。

2. 这一方法所涉及的任务应该是日常家务之外的工作。此类任务不应是孩子本来就该做的事，而且应该能为你减轻不小的负担。孩子应该具有独立完成此类任务的能力。

3. 事先约定好应付给孩子的报酬。较大的任务钱多，较小的任务钱少。但重要的是双方约定的报酬一定要公平合理。

4. 明确提出你对任务的要求。如果有必要的话，你可以把你的要求写下来。告诉孩子，他可以问你与该任务有关的一切问题，但他需要自己独立完成工作。另外，告诉孩子，正如在现实世界中一样，如果他没能按时完成工作或工作不符合要求，他就拿不到报酬。

5. 为孩子完成任务安排合理的期限。

6. 如果孩子工作做到一半就放下不管，或没有尽心尽责去完成工作，告诉他应该如何弥补自己的失职，并要求他把未完成的工作继续做完（如果时间允许的话）。

7. 如果孩子按时完成了工作，而且完成得还不错，那么你需要立刻把钱付给孩子。别忘了对孩子表达谢意和鼓励，毕竟他也付出了一番辛勤劳动。

8. 如果孩子没有在规定的时间内完成任务，就不付钱。你事先已经警告过他了，所以没必要多说，下次再试好了。

技巧与指南

- 当你的孩子进入青春期中期和晚期时，会开始考虑买较为贵重的东西（例如一辆新车）。这时应鼓励孩子寻找家庭之外的工作机会。这些工作不仅能让孩子了解现实世界的工作是怎么回事，更能让孩子明白拥有自己的新车并不容易。
- 如果孩子在外面有工作，他就不应该再在家里靠做家务赚取额外的收入。如果孩子特别有干劲儿，你可以引导他通过卖柠檬水、为邻居扫除落叶等不以赚钱为主的工作分散精力。
- 即使当孩子问起时，你一时想不到给他什么合适的工作也没关系。
- 不要让孩子接受需要太多决策技巧或他毫无相关经验的技术性工作，

只需花时间和体力就能完成的重复性劳动最为适合高中以下的孩子。

Q&A 我想不到任何适合我的孩子独立完成的工作，怎么办？

你可以借助前面介绍的“培训时间”的方法培养孩子的不同技巧。当他能充满信心地完成打理庭院和扫除屋子等工作之后，再找新工作就不是什么难事了。此外，你对孩子的要求一定得是合理的。由于这一方法的特点，你在把擦窗户的任务交给孩子之前，应确保他已接受过一定的训练。遇到这种情形，你可以快速为孩子培训一下，并鼓励他在必要时向你请教。切记，只有孩子从事不需要特殊技巧的重复性劳动时，这一方法才能发挥最佳效果。至于为篱笆刷漆或修车这类活儿，还是你自己来吧。

良好行为养成术 28：告诉孩子支出上限

艾丽戴的是姐姐给她的旧手套，现在它们已经又旧又小。如果艾丽今年依然戴着这双手套过冬的话，她的手可能会被冻坏。因此，在逛商场时，妈妈提出让她挑一双新的手套。这个提议让艾丽很高兴，因为她的朋友有一双今年最流行的手套，缀有皮毛绲边，镶嵌莱茵石，还具有防水功能。艾丽很喜欢那双手套，但她的妈妈想的只是给她买一双价值 8 美元的普通手套，只具备基本的保暖功能即可。

如果你是艾丽的妈妈，这时你会怎么办？答应孩子的要求，毕竟这么多年她一直都在拣姐姐的旧衣服穿；或者干脆拒绝听她的“废话”，因为你并不是造钱机器？

说到孩子花钱的问题，最让父母头疼的就是孩子需要的东西太多了。我们希望给孩子必需的东西，但我们给得太奢侈、太匆忙。就算你的钱包已经空空如也，他知道你还有银行账户和神奇的信用卡，这些都能买到他想要的幸福。

活在“伸手就给”的怪圈里的孩子永远不会明白金钱的供应不是永无限制的，也不会明白无论他如何哭闹（或恳求），父母的钱也不会无故变多。这一模式也是溺爱的温床。孩子很快就会发现，哪怕爸爸说不行，妈妈没准儿会很快答应了；或者只要想办法狠狠哭闹一番，父母就会给自己想要的东西。

“告诉孩子支出上限”能让你轻松摆脱上面这一困扰大多数父母的难

题，还能让孩子理解基本需求与奢侈品之间的差别。想拥有最棒的运动鞋或一辆崭新的自行车，这种想法本身没什么，但如果你想拥有更好的东西，就得在别的方面做出牺牲。

这与家庭贫富无关。不论你多么富有，都应该教孩子节约，如何规划财务，如何承担财务风险，以免他将来花钱去买一艘自己根本不需要的游艇。如果孩子从小就能学着在满足生活的基本需求与追求奢侈品之间做出选择的话，长大后就能做出更好的决定。

尽量让孩子参与你的财务决定，并设法让孩子获得与其年龄相称的实际理财经验。举例来说，如果你的孩子只有 4 岁，当你逛商店时，可以让孩子决定本周的零食费是用来买饼干还是买冰激凌。如果你的孩子已经 11 岁，可以让孩子在重大的家庭开支上发表一下意见。当你比较价格、使用优惠券和认真衡量两件类似商品时，请让孩子看到。把你进行的投资告诉孩子，并鼓励他自己买几只股票。当你申请车贷时，让孩子在一旁看着。跟孩子谈谈新闻里的个人信息泄漏事件，并探讨一下相应的预防措施。等你的孩子离家独立生活时，他对成年人需要承担的生活成本（垃圾处理费、保险费和税务等）和财务责任（按时还债等）就会有较为理性的认识。

特殊情况下的财务处理建议

以下为你提供了一些有针对性的建议，不论你的银行账户是宽松还是窘迫，这些建议都能帮到你。

如果你的财务状况较为窘迫：

- 务必让孩子知道，你一定会好好照顾他，满足他的合理需求。不要因你的财务状况而让孩子有不安全感，同时坦白地告诉孩子哪些东西你能负担得起，哪些不能。
- 如果你丢了工作，只能靠打零工赚取微薄的收入时，或为了还信用卡而不得不压缩支出时，请把这些状况如实告诉孩子，但不用跟他说得太详细。跟孩子聊聊省钱的办法。问问他有何建议，并请他帮你一起省钱。孩子很乐意贡献自己的意见，尽管这可能会意味着他不能再像以前那样每周去电影院看电影。
- 让孩子发挥创意，自己动手满足自己的需求。相比于点外卖，他能从自己做饭的过程中学到更多东西。
- 让孩子看到你的力行节约。如果你一边削减孩子的零用钱，一边又为自己买新首饰，孩子将很难接受这种状况。
- 为娱乐活动留出一点预算，哪怕只是跟家人做做手工或举办一个即兴舞蹈派对。

如果你的财务状况较为宽松：

- 为孩子树立节约的榜样，并鼓励孩子也培养节约的习惯。举例来说，周末放松不一定非得去主题公园玩不可。让你的孩子明白，去公园野餐并不一定比花高价外出游玩得到的乐趣少。
- 如果你最近的收入有所增加，想适当调高给孩子的零用钱，那么记得在调高零用钱的同时，也相应地增加他应负的财务责任。你不会向孩子收房租，但你可以根据他的年龄适当地让他多负担一些开支，例如在衣物、家庭成员的生日礼物和汽油费等方面的支出。

- 把你的收入与你的辛勤努力联系起来。让孩子明白，你之所以能进入一家大公司的管理层，靠的可不是你迷人的微笑，而是你的努力。

- 哪怕你的经济条件不错，也要设置一定的消费限度，这有利于孩子的成长。

> 这是我最喜欢的故事之一：一位父亲把自己拿到的1万美元支票兑换成了一张张1美元的钞票。回到家中后，他把这一摞摞的钞票放在桌子上，然后按家庭所需的各项开支把钞票一张张地抽出来，分门别类地放成一沓。这才叫开支透明！
>
> ——荣·利波尔，《纽约时报》专栏作家，《溺爱的反面：培养脚踏实地的孩子》作者

实践篇

当孩子提出想要某件价格昂贵的生活用品时，你就可以用“告诉孩子支出上限”的方法来应对。你只需简单地说：“我知道你的确需要一双手套。我可以给你8美元（这足够买一双保暖的手套），如果你想要价格更高的手套，你需要自己承担不足的那部分钱。”

如果艾丽很想得到一双有皮毛绲边的手套，那么她可以动用自己的零用钱或靠做额外的工作赚更多的钱。如果她最后觉得一双昂贵的手套不值得付出那么多，那么她依然可以选择买一双便宜的手套。

技巧与指南

- 如果孩子想买一样你认为不太合理的东西，在使用这一方法应对孩子的要求之前，可以先研究一下孩子想买的东西的价格。对孩子说：“如果你想买一个更大的头盔，我当然可以替你出钱，但我需要先了解一下价格。”等你了解到了合理的价位之后，才可以答复孩子：“我会给你 20 美元，你可以用这笔钱买一个合格而安全的头盔，比这更高的价格得由你自己出。”
- 如果孩子实际花的钱低于你给他的钱，省出来的钱他可以自己留着，但需要事先得到你的允许。
- 你可以在原来的数目上再多给孩子一点钱，但只有当孩子的理由足够充分，或你经过比价认为需要给孩子更多的钱时，才可以这么做。让孩子明白你之所以增加他的零用钱，是因为获得了新的信息，而不是由于他的哭闹、纠缠或讨价还价。

Q&A 我喜欢跟孩子一块逛商店，我不在乎为有品质或造型好看的商品多花点钱，这样做有问题吗？

完全没有问题。但每个人都有底线，不是吗？你需要让孩子知道你的底线是什么。如果你每次都得花大把钞票为孩子买他想要的设计师款牛仔裤，或许你该改改自己的习惯了。如果孩子觉得自己理所当然地应该享有最好的东西，他就会把这视为常态，而这正是你想极力避免的情况。别忘了，如果孩子习惯于追求昂贵的商品，那么养成他这一心理的元凶很可能是你自己。即使你负担得起设计师款牛仔裤的钱，但真的有必要一件件地买给孩子吗？何况对于发育迅速的孩子来说，这些衣服他一年之后就不能再穿。不带任何附加条件地把钱交给孩子，并让他自己承担基本生活需要之外的一切开支，他才会懂得为自己得到的奢侈品心存感激，而不是把它们视为理所应当。

第八章 别让社交媒体绑架孩子

引子

你正在让社交网络伤害孩子吗？

三个月前，安吉丽娜初中毕业了。接下来的整个夏天，她都在骑自行车、游泳、做日光浴、收集心形的石头，直到她登上开往当地一所高中的校车。

那天下午，等她再坐车回家时，她已经懂得了很多东西。例如，她知道了每个同学都在用社交网络，也知道了自己的凉鞋太俗气，所以她明天要换双新的。她很快就注册了一个社交网络账户，并开始愉快地评论自己新老朋友的照片。安吉丽娜的父母做梦都没想过孩子一夜之间就已经是社交媒体的用户了，根本没来得及为她制定使用社交媒体必须遵守的规则。

周二的时候，安吉丽娜忽然恳求父母给她买一部苹果手机，作为她的圣诞节礼物。她穿着球鞋而不是凉鞋，因为她还没有找到最让她满意的凉鞋。她骄傲地宣布，她在社交媒体上的好友已经超过50人了！

周五时，安吉丽娜参加了来到新学校之后的第一次测验，这次测验考的只是一些基本的知识。走出校门时，她对妈妈说她讨厌数学，可去年这不还是她最喜欢的学科吗?

没错，安吉丽娜在新学校学到了不少东西，但她的妈妈却比任何时候都更感到无助!

最能体现孩子自以为一切都理所应当的心理的话语是，“我的朋友们都在这么做!”孩子（大人其实也一样）往往会觉得大家都在做的事情就是正确的，尽管我们内心的声音或应遵守的规范提醒我们说并不是这样。

如果孩子的目标与期望跟其他孩子的不一致——不论其他孩子的目标多么渺小或荒唐，孩子都可能会感到很痛苦。很多孩子常常因为不够酷，就成为在学校走廊里被取笑的对象。来自其他孩子的毫不留情的评判，有的只是会给孩子的自尊心造成伤害，有的却会给孩子的身体带来伤害，这包括对孩子的实际欺凌，也包括“我猜你肯定不敢把自行车从楼梯上骑下去”之类的怂恿。这些来自他人的评判不仅会影响孩子自己的判断，有时甚至会使其理所当然地向恶劣行为靠拢。

在过去，孩子只是在学校会受到来自同龄人的压力，在家里这种压力轻得多。但现在同龄人的压力已经让孩子无处可逃。由于科技的进步，很多孩子就连在商场买杯奶茶这样的小事都要拍成美照传到网上，他们无时无刻不在虚拟世界里交谈，从给自家的狗穿什么到历史老师脚下吱吱作响的鞋子，一切话题都在谈论之列。社交媒体无孔不入，把少数名人和全部朋友都卷入其中。这种即时交流的手段固然有其优点，但它同样也会带来很多严重问题。

> 社交媒体给我们一种这样的印象——我们都有一大堆朋友。而在现实生活中，如果我们有那么一两个真正的朋友，就已经非常幸运了。
>
> ——博瑞妮·布朗恩

所有这些都使得社交媒体与家长培养负责、坚强、懂得交际的孩子的愿望背道而驰。知道了社交媒体可能给孩子造成的不利影响，我们就应该在尊重孩子的独立意识的同时，也承担起引导孩子善用社交媒体、正确对待虚拟社交环境的责任。

本章的主旨与科技、同龄人的压力及其对孩子的影响有关。我们有办法不让自己的孩子被社交媒体（或他们的同龄人）绑架，也有办法积极利用即时通信带来的好处，避开它的消极一面。

良好行为养成术 29：监督与控制电子产品

社交媒体虽然并不是催生孩子自私心理的唯一因素，却是其中最容易控制的因素之一。减少孩子使用社交媒体的时间，不仅能帮助他更多地参与其他更为多样、更为有益的活动，防止孩子把时间全花在一遍遍地浏览他最喜爱的网站上，还能减少孩子的负面网络行为，降低网络给孩子造成的风险。

防止孩子沉溺于电子产品的有效策略

1. 为孩子设置使用电子产品的清晰权限。清楚地告诉孩子，他并不天然享有使用电子产品的权利。如果他违反了你定下的规矩，你会剥夺他使用电子产品的权利。

2. 监视孩子的显示屏。让孩子知道，你会定期检查他的电子邮件、社交媒体和手机短信。如果发现了不合适的内容（不管是他发给别人的，还是别人发给他的），你都会收回他的电子产品使用权。务必告诉孩子该如何处理他收到的不良内容（如立刻向你报告）。有些父母会对监控孩子的网上行为感到不适，但事实表明，如果父母能为孩子设置合理的界限，孩子参与风险行为的概率就低得多。

3. 设置禁屏时段。为孩子设置禁止使用电子产品的时间，孩子只能在已完成家庭作业的情况下或晚上 9 点之前才可以使用电子产品。孩子并不会错过任何比同学的新发型更重要的事，反正第二天到学校后一样能看到同学的发型（如果孩子抗议，你可以使用本书第二章提供的方法应对）。

4. 内容公开。孩子只能在家中的公共区域使用电子产品，如厨房或客厅，不可以在卧室使用智能手机、电脑或平板设备，务必把这当作一条规矩来执行。

5. 禁止突然关闭屏幕。事先警告你的孩子，如果发现他有切换屏幕、遮挡屏幕或突然关机的行为，你会坚决剥夺他使用电子产品的权利。

6. 设置线下时间。规定一天中的某些时段不得使用智能手机和电脑，在家中创建宁静的、不受电子产品干扰的空间。

实践篇

为了更好地控制孩子使用电子产品，你可能需要花点时间学习一下如何使用电子产品。因为你无法监控你一窍不通的东西，也无法任由孩子在网上浏览而置之不理。只有熟悉了其中的门道，才能安全而有效地帮孩子管理自己的电子产品。

你需要掌握孩子的电子账户信息，包括密码。孩子会抗议，但这是他使用电子产品的条件之一。虽然你不会逐字查看他发出的信息，但你保留在不预先告知他的情况下不定期检查电子产品的权利。为了了解孩子的网络活动，你也需要注册相关的网络账号。作为经验之谈，如果你的孩子经常使用或访问某些网站，你也应该这么做。让孩子成为你的老师，这样一来，你不仅会学会如何把文件备份到云端，还会了解孩子每天都用电子产品干什么。

务必训练你的孩子安全合理地使用所有的电子产品。尽早培养他的网络安全意识，并要经常向他灌输这些观念。

最后，你还要让孩子在网上搜索一下自己的信息，好让他明白他的网络活动会留下痕迹。他会惊讶于这样的事实：越来越多的大学招生办和雇主，正借助搜索引擎和社交媒体信息了解申请者的情况。请让孩子把这条原则作为他发帖的检验标准：我希望将来的老师、伴侣的父母看到这些吗？如果答案是否定的，就不要发布。

这些规则能帮助我们在家中更好地驾驭社交媒体，但它们并不能代替与孩子的交流。与孩子谈论社交媒体，越早越好，越频繁越好。要允许孩子犯错，利用这些机会帮助孩子成长。如果孩子无论在线上还是在线下都已经表现出了足够的成熟度，也能够自己做出合理的决定，就不妨给他更多自由。网络无处不在，唯一能保证孩子的安全及对他负责的方式就是帮他养成良好的习惯。

技巧与指南

- 与孩子同处一个社交媒体时，尽量不要发帖、评论或点赞，不要让孩子察觉你在监视他。社交媒体是孩子与自己的朋友而不是家长互动的平台。如果你想与孩子交流，可以面对面地聊天或写一封简短的电子邮件。

- 如果你想加孩子的朋友为好友，或在他朋友的照片下发表评论，那么你需要事先征得孩子的同意。
- 不要在社交媒体上加孩子的老师、教练或其他对孩子有监护职责的成人，更不要与他们互动，除非你事先征得了孩子的同意。
- 与别人谈事情时，当面谈，不要在线谈。
- 不要过多地在网上分享你的信息。如果你分享太多自己的生活琐事或贴出很多自拍照的话，你的孩子会觉得很尴尬。
- 永远不要在网上为了教育孩子而让孩子感到难堪。
- 要允许孩子在社交媒体上犯错。孩子犯错时，不要反应过激。相反，应该设法把错误当成锻炼的机会。

Q&A 孩子多大时，才能给他配备一部手机?

简单来说，等孩子需要手机时再给他。当然，孩子 8 岁时可能就嚷着要一部手机了，但除非他需要在放学后继续上特长班或经常去很多地方，否则他并不是真的需要手机。如果孩子暂时需要离开你一段时间，你也可以考虑给他配一部手机以便保持联络。始终要记住，所有的电子产品对孩子而言都只能是特殊待遇，不能只因他朋友都有，你就该提供给他。

良好行为养成术 30：重视家庭价值观

周二下午，在回家的校车上，安吉丽娜的新朋友哈珀问她愿不愿意跟自己一块骑车去超市买刨冰。安吉丽娜在得到父母的允许后，就开始了这段超市之旅。抵达之后，哈珀又想要一根棒棒糖，但她不想买，只想偷一根。安吉丽娜不愿这么做，但答应站在收银台和货架之间为哈珀的行动提供掩护，好让哈珀的偷窃更加顺利。

哈珀在学校很受欢迎。作为哈珀的朋友，安吉丽娜也算得上是这个颇受欢迎的小团体的一员。随着与哈珀交往的深入，安吉丽娜发现哈珀懂得很多自己根本不知道的东西。例如，什么衣服、首饰和数码设备最为炫酷，哪些东西可以像棒棒糖一样靠偷窃拿到。哈珀的小团体里的人打扮得越来越时髦，也越来越受欢迎，因为这些女孩要么缠着父母为自己买想要的东西，要么就想办法靠其他的手段获得。只有安吉丽娜是个例外，她的父母不能也不愿为她想买的东西付账，她自己也不愿靠其他的手段去得到自己想要的东西。

从众心理的力量很强大，对孩子而言尤其如此。我们都听过诸如此类的话："但是杰克逊就是这么跟他的父母说话的！""凯迪斯一家每年夏天都到迪士尼乐园度假！"

如果我们事先以积极的手段教育孩子，就能帮助孩子避免这些来自同龄人的压力，或至少有办法应对糟糕的情况。如果我们对孩子不管不顾，孩子就容易沦为同龄人荒唐念头的受害者——不论是半夜三更骑自行车穿越河流上方的铁路桥，还是在老师的咖啡杯里放一条活虫子。

教孩子抵御来自同龄人的压力意味着让孩子在有需要的时候坚持自我。这也正是借助“身心灵时间”“培训时间”等方法充分满足孩子的归属感和地位感如此重要的原因。孩子的这些心理需求得到了充分满足，就不太可能盲目地追随自己的网友，对自身的价值会更有自信，而不会活在别人的判断里。

让孩子学会坚持自我，告诉孩子遇到哪些情况可以直接走开，哪些情况应该向大人求助。要让孩子明白，如果被集体接纳的代价就是违背真实的自己，那么这种归属感其实并没有那么好。

在你培养孩子的自我价值时，务必让孩子懂得，任何不尊重他价值的人都不是真正的朋友。无论在何种人际关系中，被尊重都是他的天然权利。如果有任何人逼着他做错误的事，就是不尊重他。鼓励孩子建立能让自己和别人都感到愉快的友谊，同时也要坦然接受这一事实，即孩子难免会犯错，无论他的朋友是谁。

“重视家庭价值观”能帮助你强化孩子的自我价值，同时也能增进家庭的和睦团结。根据《快乐家庭的秘密》一书的作者布鲁斯•费勒的说法，认同和巩固自己家庭的核心价值观，即那些把全家人联系在一起、让整个家庭保持强大的观念，能帮助家庭积极践行正确的行为。

家庭价值观，可以在你的孩子遇到人际关系难题时，为他提供宝贵的启迪。举例来说，如果你的孩子没法跟邻居家的小孩好好玩，那么你可以问问他，你家的哪一条家庭价值观适用于他面临的问题。你的孩子可能会回答说：“我们彼此尊重。”你可以对他进行相应的教育：“那么你应该如何对年龄比你小的孩子表示尊重呢？”

实践篇

首先，需要召开一次家庭会议（详见第四章）以确定属于自己家的家庭价值观。给每个人都发一支笔和一张纸。每个人都需要以简短而美好的措辞（或一份清单）描述一下自己对家庭的意义。

制定家庭价值观是件棘手的事。特别是，如果你的孩子只有 8 岁的话，他可能只会说："我家每周五都有比萨吃！"

费勒在他的书中提供了一些制定家庭价值观的建议：

- 哪些词语能最为贴切地描述我们家？
- 对我们家而言，最重要的东西是什么？
- 我们的家庭力量是什么？
- 如果用一句话概括我们家，会是哪句话？

把所有家庭成员的想法都记录下来，然后汇总成概括性的语句。例如，"我们乐于分享"与"我们与彼此谈话时态度友善"可以概括成一句话："我们尊重彼此。"家庭价值观要简短易记，便于复习。

请把这些家庭价值观贴在家里的冰箱上或以艺术化的形式呈现出来，以便于你的家人每天都能注意到它们。如果你家中有年龄较小的孩子，可以利用图画对这些价值观的意义加以解释。当你树立了属于自己的家庭价值观，家庭成员也都熟悉了它们之后，就可以利用它们来指导自己的孩子解决分歧、克服挑战、做出决定。

> 请让自己成为值得孩子尊重的父母：不论你是否愿意接受这一点，你都是孩子生命中最重要的榜样。
>
> ——鲁尼·科姆布斯，《“你最棒！”及父母们的其他谎言》作者

技巧与指南

- 记住你并不是制定“老爸老妈的家庭规矩”，而是归纳属于整个家庭的价值观。如果家庭价值观能让孩子觉得亲切，他就更愿意遵守。家庭价值观应该能体现每个家庭成员的意见，得到每个家庭成员的认同。
- 在所有家庭成员都同意的前提下，可以对家庭价值观进行修改。如果需要的话，可以把“我们喜欢比萨”列为次级条目。这类内容对你的孩子可能很重要，但不适合出现在“官方版”的家庭价值观之中。
- 在制定家庭价值观时，可以从家庭信仰、家族遗产或传统、社区责任，甚至是家人喜欢的活动等方面获取灵感。

Q&A 我的孩子们在一些问题上无法达成一致，我该怎么办呢？

如果有孩子觉得“我们关爱地球”不像家庭价值观，问问他觉得怎么说更合适。他可能提出能被所有人认同的语句，如“我们珍惜自己拥有的东西”。只要你肯去调整，最后就能拿出大家都乐于接受的文本。如果他们实在无法取得一致，暂且放下，过一段时间再来探讨这个问题。

第九章 培养会感恩的孩子

引子

懂得说“谢谢”就是感恩吗?

杰克逊已经12岁了，他不怎么跟妹妹吵架（至少不经常吵），有时不用家长督促也能主动放下电子游戏的手柄去做作业。当父母要求他去倒垃圾或洗车的时候，他并不怎么抱怨。他也能按时练习吹小号，即便有时候偏要夜里10点多去吹。他的学习成绩相当不错。此外，他还是校橄榄球队的替补四分卫。

一个阳光灿烂的周末下午，杰克逊一家跟邻居们一块在户外聚餐，邻居豪威尔女士问起了杰克逊在学校的情况。

杰克逊说：“挺好。除了数学，我所有的科目都是A，但我的数学也是B+。我最喜欢的科目是世界历史。”

豪威尔女士说：“我最喜欢的科目也是历史，我很喜欢研究中世纪的历史。有一次……”

杰克逊继续说道：“我的球队一定能夺得锦标赛冠军！”

“我会为你加油的！你知道吗，为了帮助那些低收入家庭的孩子，明年夏天我的教区将会举办一场持续两周的体育活动。如果你愿意帮忙的话……”

“这个我不太确定，”杰克逊说，“我夏天一般都很忙。”

“万一你想去的话，就跟我说一声。我敢保证一定会很有乐趣。”豪威尔女士说。

“您看到布朗尼蛋糕没？我现在想吃点心。”杰克逊一边问，一边环顾四周。

“我知道在哪儿，我去给你拿一块吧。”豪威尔太太用纸盘给杰克逊端来一大块蛋糕。

“天哪！这些蛋糕里有坚果！”杰克逊抱怨道。他只咬了一口，就做了一个鬼脸，把剩下的蛋糕都丢进了垃圾桶。“再见，豪威尔太太。我要去再买一个三明治。”

大家都觉得杰克逊是个优秀的孩子，杰克逊自己也这么认为。事实上，他很愿意把自己所取得的优秀成绩讲给别人听。问题在于，当他与别人对话时，往往只有他自己很享受。

我们可以纠正孩子爱发脾气、霸道、无节制地使用电子产品、想要什么必须得到什么等不良行为，但不留意的话，依然可能会培养出除了自己什么都不关心的孩子。我们希望自己的孩子举止得体，也希望自己的孩子懂得体贴别人，关心别人的生活，能从自我之外的角度考虑问题，对自己有清醒的认识。

这样，他就不会把自己当作世界的中心。不仅如此，当他长大后，也将更有能力在这个世界上立足。这也正是本章的主旨。本章将教你如何把家中的“小皇帝”从宝座上拉下来，并帮他获得同情和感恩之心，最终纠正孩子把自己当成世界中心的自私心理。

良好行为养成术 31：感恩仪式

你 7 岁的儿子一谈起自己的生日愿望就停不下来，尽管现在离他的生日还有三个月。你 11 岁的儿子对自己最好朋友的了解，仅限于他们都喜欢玩同样的游戏。你 15 岁的女儿每天都会在等校车时冻得直哆嗦，因为她拒绝穿那件毫无理由地忽然被认为“很丑”的外套。

正如我们一遍遍地告诉孩子的那样，他的确是身在福中不知福，他对自己所拥有的一切没有感恩之心。我们需要转变一下孩子的心理，不能老让他觉得世界欠他的，而应该让他意识到他欠世界的，至少不能让他觉得他所得到的一切都是理所应当的。

我们生活在一个物质富足的社会中，但我们必须教孩子懂得感激，真正的感激之心并不只是说“谢谢”那么简单。教孩子说“谢谢”容易，但教孩子真正心存谢意却较难。这两样东西密切相关，而且能否把这两样东西都教会孩子也完全取决于你。如果说自私意味着孩子总想从别人那里得到点什么，那么感激则刚好相反。

你可以有意识地教孩子以深刻的方式对别人表示谢意，如果孩子说“谢谢”时格外真诚，那么你应当对他的这一行为给予积极鼓励，对孩子说：“不用谢，我很高兴能帮到你。你知道我在帮你，这让我很开心。”

你也可以教孩子如何在遭遇尴尬时依然感谢别人。例如，当孩子收到一份与去年一模一样的礼物，或对自己收到的礼物不是很喜欢时，他可以说“谢谢你记得我”或“我很喜欢它的颜色”。提醒孩子在关注礼物本身的同时，别忘了以同样的心思关注别人对自己的体贴。

你也可以为孩子提供一些表达谢意的关键词，以帮助他成功地表达自己的心意。最重要的是给孩子提供充足的机会，让他练习如何去表达谢意，并鼓励他迎接挑战。但不要逼迫孩子或利用孩子的内疚心理去表达对别人的感激之情，“为了你，我没日没夜地工作，而你对我连句谢谢都没有”这类的话千万不要说。这不仅会导致孩子采取恶劣行为，更会激起他的防卫心理。

你还可以通过在家中举行“感恩仪式”的方式来强化孩子表达谢意的行为。这一方法将教会孩子养成怀着感恩之心去看待周围事物的习惯，无论是多么微不足道的事物。他越是懂得感激自己所拥有的东西，就越不会认为自己理所当然地拥有一切。

实践篇

这一方法在应用上有很大的灵活度，但它的核心内容只有一个：定期教孩子表达谢意。在使用这一方法时，表达谢意的形式要有延续性，好让孩子形成固定的习惯。具体来说就是以下几点：

1. 设定场景。选择一个固定的时间和地点来表达自己的感激之情。可以是在晚餐祈祷时表达你对当天所遇到的美好事物的感激之情，或在遇到重大节日时把值得感谢的事物记录在专门的“感谢簿”上（可以把以上两种形式结合起来使用）。

2. 介绍方法。在使用这一方法之前，请坐下来跟孩子简短地聊一聊生活中值得感激的事物，把感恩的意义讲给他听，最好是在举行家庭会议时。你可以举一些不那么幸运的人的例子，但不要试图借此机会以嘲讽的方式唤起孩子的感激之心。

3. 练习剧本。你的孩子越是能经常听到你表达自己的感激之情，就越能模仿你的做法。在仪式之外，也要让孩子看到你对生活中大大小小的事件都深怀感激之情。尽可能将你表达感激的对象集中在人和经历上，而不是有形的物品上。

4. 定期回顾。记住，只有不断地重复才能把一种仪式变成习惯。重复的周期可以是一天、一周，甚至是一个季度。坚持下去，你会欣喜地发现，随着时间的推移，你的孩子已经获得了一颗成熟的感恩之心。

如果你对自己拥有的东西心存感激，你将得到更多东西。如果你只关注自己未得到的东西，那么你永远不会富足。

——奥普拉·温弗瑞

技巧与指南

- 如果你无法每天（例如在睡觉前）都举行固定的感恩仪式，那么请尽量利用生活中的一切机会表达你对世界的感激之情，以便让孩子也能耳濡目染，形成感恩的心理。

- 即便孩子表达感激的范围不超出自己的玩具盒子，也不要随意评判。负面的话语只会打击孩子未来参与感恩仪式的热情。
- 为了帮助孩子以积极乐观的心理看待世界，你不妨鼓励孩子随时随地以较为自由的方式表达自己的感激之情。

Q&A 我那处于青春期的孩子拒绝参加感恩仪式，我该怎么办？

借助本章介绍的其他策略（特别是帮助不幸的人以及为孩子树立良好的榜样）帮助孩子意识到这一点，即他的确拥有很多值得感激的东西。坚持下去！你的努力不会白费，哪怕孩子嘴上不会承认。

小方法：不幸中的幸运

“发现事情有利的一面”是我们时不时会说的一句话。我们常用这句话来缓解孩子过分抱怨的情绪，但这句话中其实包含了一定的真理。努力发现事物的积极一面也能让我们的孩子对自己的生活更为感激。如果我们能以这一心理去对待生活中的小挫折，我们的孩子就能把自己遇到的不如意转化为感激。

首先你自己要以积极的心态看待遇到的挫折，并让孩子听到你心理转变的过程。例如，当你开车被堵在路中央时，不妨以轻松的口吻说：“我们碰上交通拥堵了，幸亏我的车有空调，我们可以慢慢等。”

之后告诉孩子，在遇到不如意的事情时，可以感到失望、受伤或愤怒，但其实每种挫折都有积极的一面，而发现这些积极因素能帮他以更为积极的姿态走出挫折。

你可以让孩子明白，即使当他遇到困难时，他依然是幸运的。你可以引导孩子思索一下，如果他拥有的东西少一点，或根本没有某些东西，自己的生活又是什么模样。以下就是一些具体的参考：

● 新的来，旧的去。当你的孩子得到一个新玩具或新衣服时，鼓励他捐赠一件旧玩具或旧衣服。

● 并不拥有。学会珍惜自己拥有的东西的最佳方式就是把这些东西从生活中移除。若你在自己的家中连续一周不开空调，之后你的家人在吹空调时会充满感激之情，因为他亲身体验过没有这些东西的感觉。

● 亲身体验。让孩子亲身体验一下那些生活艰难的人或物质匮乏者的生活状态。举例来说，如果你的孩子付不起房租，只能睡在大街上，会是什么感觉？你的孩子需要暂时走出自己的舒适区。但这有助于孩子学会珍惜自己拥有的东西，并且以感恩的心情积极去帮助那些需要帮助的人。

● 服务，而非被伺候。

当孩子心中的感激之情逐渐萌发，就会意识到自己并非宇宙的中心，我们便可以逐渐向他灌输另一个观念，即他可以对自己周围的世界做出积极贡献。这一观念不仅能消除孩子“活着就是为了享受”的自私心理，同样也能赋予孩子强烈的自信心，特别是如果他能亲自体验到自己所带来的改变的话。

良好行为养成术 32：同情之心

如果孩子的同情心发展得较为充分，自以为一切都理所应当的心理就会迅速消亡。富有同情之心的孩子不会为了实现自己的目的而去践踏他人。在讨论如何培养孩子的同情心之前，我们有必要弄清楚我们对同情心的理解是否一致。

同情并不是悲悯。悲悯指的是对他人的怜悯之情，源于我们自己的经验和处境，而同情则意味着对他人的经验和感情的认同及共享。同情要求我们跳出自身的藩篱，以他人的角度去看待问题，哪怕我们并不熟悉对方的经验。同情的重点在于对方，而不是我们自己。对孩子而言，同情别人比怜悯别人更难。但与悲悯相比，同情之心更有助于孩子去理解他人，粉碎自己的自私心理。所以我们有必要积极培养孩子的同情心。

实践篇

首先，要身教，不要言传。你的孩子时刻在观察你，你待人接物的观念和态度都会在他心里留下印象。我们应当密切关怀他人和孩子的生活，以此为孩子树立一个富有同情心的榜样，这有助于孩子养成关怀他人的习惯。你可以不失时机地对孩子说：“你舅舅看起来似乎有点不高兴，于是我问他怎么回事。原来是他的狗病了，我猜这让他十分担心。”如果你的孩子与朋友发生了争执，你可以引导他以同情之心看待这件事："我知道与杰克逊的争吵让你很不开心，但你愿意再跟他好好聊一聊吗？"在培养孩子同情之心的过程中，请把你自己不够同情别人的时候也讲给孩子听，好让他明白，同情不仅是一种重要的品质，也是一个学习的过程。

其次，在为孩子树立榜样的同时，你也可以同孩子讨论该如何理解他人的感觉。从引导孩子留意公园或其他公共场所中人们的行为入手，教孩子关心他人的生活，悄声对孩子说（以免被旁人听到）："你看到那边的那位女士没？她四下张望，不停地看自己的手表。我猜她可能在等人而对方迟到了。"你甚至可以更私人化一些，帮孩子观察朋友或家人的情绪，教孩子辨别别人的面部表情、肢体语言和仪态，并将这些与具体的环境结合起来。

最后，你可以假设一些场景，并帮孩子设想一下在这些场景中人们有何感受。举例来说，假设某天下雪时，你的孩子把邻居家便道上的雪铲得干干净净，你可以问孩子："如果罗伯特叔叔一打开门，看到自家门前的雪已经被清扫干净了，你觉得他的第一个想法会是什么？"

小方法：每个人都有故事

这一方法能帮我们解释我们所看到的某些不良行为，不论这些行为是来自大人还是孩子。它的意义在于帮孩子了解，一个人的行为并不只是我们所看到的那么简单。举例来说，如果某个小孩对待你的孩子很不友善，你应该提醒他：“每个人都有自己的故事。”而不应去评判或指责孩子的同伴。你可以对孩子说：“不知道艾丽又经历了什么事。”也许艾丽的爸爸最近丢了工作，也许她得了感冒，也许她在学校被别的女孩排挤。你应该让孩子明白这一点：我们不能为恶劣行为找借口，但即使是恶劣行为也有其原因。引导孩子思考艾丽态度转变背后的原因能帮助孩子以他人的角度去看待问题。这样的练习有助于培育孩子的同情心，更能赋予孩子自信，让他们以成熟、有效的方式应对自己遇到的问题。

如果孩子能够站在别人的立场去考虑问题，他就能跳出自己的小天地。他会发现，世界上还有别的观念，他也会因此更加理解别人的故事。事实上，活着的乐趣之一就是发现别人的故事，但有时，沉溺于自我之中的孩子没能力做到这一点。教孩子学会去关注自身之外的事物不仅是一种纠正孩子自私心理的手段，也是对孩子的珍贵馈赠。

同情意味着以别人的眼睛去看，以别人的耳朵去听，以别人的心去感受。

——阿尔弗雷德·阿德勒 心理学家

技巧与指南

- 打开电视，关掉电视的音量，让孩子猜猜每位角色在说什么。
- 借助当下发生的新闻事件来培养孩子的同情心。举例来说，当你在电视上看到某地发生严重火灾时，不妨问问孩子：那些受灾的家庭此刻最担心的是什么？家里有什么最让他们挂念的东西？
- 如果你的孩子年龄稍大一点，可以鼓励他为别人辅导功课。在教别人时，他很快会发现，为了教好别人，他必须理解“学生”对这一科目的感受及他所面临的特殊挑战。
- 使用“改正错误”的方法（详见第五章）根除孩子没有诚意的道歉，而代之以真正的同情。另外，务必要让孩子明白感觉与行为之间的联系：我们的感觉会促使我们做出某些行为，而这些行为会影响他人。
- 通过问孩子“开放式问题”来激发他的同情心。例如，“杰克逊的太空飞船玩具坏掉了，他很难过，我们该如何让他开心一点呢？”这能促使你的孩子开动脑筋去想办法表达自己的善意。

结束语 我们不独特又何妨

在孩子成长的过程中，我们都曾经怀疑自己的孩子是不是一出生就被人调包了——别人家中乖巧的小天使才是自己的亲生孩子。我们都曾被孩子的自私气得发疯，却又对此感到无能为力。但好消息是，不论你的孩子现在上幼儿园还是上大学，只要你读到了这本书，你为纠正孩子的自私心理而付出的努力就已经取得了一定效果。如果你的想法是："我迫切地需要帮助！"不必担心，本书介绍的方法几天之内就能发挥效果。只需调整一下自己的家庭生活模式，你就能为自己和孩子带来重大改变，并迅速唤出孩子最优秀的一面。这个过程并不容易，你的孩子对此也不会欣然接受，但它确实有效——我亲眼所见，这已被世界各地不计其数的家庭证实。

而且，就算我们的孩子不喜欢这一过程，他肯定会喜欢最后的结果。当他不再觉得自己比其他一切人都更特殊、更重要的时候，便能收获更多乐趣。如果我们能引导孩子摆脱自以为一切都理所应当的自私心理，我们就能将他从不知足的状态中拯救出来。他将不再无止境地追求新东西，也不会认为一切都应该围着自己旋转。当我们的孩子理解了自己没必要非得与自己负担不起的敞篷跑车来张合照，也没必要非得去参加一个自己完全陌生的时尚派对时，他就能将更多精力放在自己真正喜欢的事物上。

成为你自己

“我独一无二”的观念已经渗透于孩子生活的各个方面。无论是孩子与他人交流、做家务、独立完成作业，还是表达善意与同情，都受到了这一观念的影响。我并不是说我们的孩子对我们而言没什么特别，事实上，我们爱他胜过爱自己的生命。但如果我们觉得自己的孩子理所当然地应该享有特殊待遇，只会让他养成自私心理，而这些心理正是我们想要避免的。

有时，我们在孩子的整个童年时期所做的似乎只有一件事，就是与孩子“我很特别”的心理做斗争。而且，有多少成年人不也觉得自己是最特别的吗？正如我们前面所讲，没有谁是特殊的，我们都只是自己而已。事实上，鼓励孩子做自己是对自私心理的强力解毒剂。这不仅能让我们的家庭更快乐，也能消除孩子由自私心理导致的负面行为。

我们该如何让孩子欣然接受自己？有很多方法。首先，你需要花点心思帮他转变一下自己的心理，并让他形成自己的独特个性。以下方法能为你提供一个良好开端：

- 以不同的方式一再向孩子强调，你爱的是他的人，而不是他的所作所为。
- 借助“身心灵时间”的方式让孩子了解自己的本性，和他一起探索不同的兴趣和爱好。
- 不要让孩子跟别人比。你永远都不该对孩子说“你怎么就不能像谁谁谁一样”之类的话，也不要把拿孩子跟他的兄弟姐妹或朋友相比。

而要告诉孩子，每个人的生命总有如意和不如意的地方，真正重要的是我们该如何应对这些事情。

- 为孩子树立一个好榜样。关注事物积极的一面，而不要只认定消极的一面。
- 鼓励孩子发展不同的兴趣爱好，而不只是按你自己的喜好去决定孩子的喜好。
- 在自己家里淡化对物质和外貌的推崇，把重点放在人和经历上。
- 帮助孩子设法应对脸上的痤疮（或生活中的其他挑战），因为这些意外事件确实会给孩子的生活造成不良影响，尽管不像孩子所担心的那么严重。
- 鼓励大点的孩子养成保存个人记录的习惯，或利用图画本等创意手段来探索自己不断成熟的个性。鼓励他将这些个人记录保持在半公开状态（不要放上社交媒体，以免招来同龄人的评判）。
- 不要批评孩子的朋友。但你可以时不时地问他：“与凯迪斯做朋友的感觉如何？”或：“你在杰克逊身边能保持自己的本色吗？”
- 家人之间在事业上要互相鼓励。把这一条当成家里的规矩。

孩子在自己的生活里难免会遇到一些障碍，也许是自己的新爱好不怎么受欢迎，也许是自己新剪的发型逊毙了。我们无法帮他避免这些挫折，但我们能通过纠正他自以为一切都理所应当的心理，让他明白生活并不完美的事实。

做不完美的父母又何妨?

对阅读本书的家长们，我有最后一句话要说：即使你自己不特别也没关系。你没必要为了改变孩子的生活而把自己变成超级家长。事实上，如果你是一个平凡的家长还好一点，因为这样一来，孩子不仅可以从自己的错误中学习（假设你会主动引导孩子这么做），也能够从你的错误中学习。本书为你提供了多种多样的育儿方法，现在就选择几种开始实行吧。你的选择之中一定要包括“身心灵时间”，因为这是所有方法中最有效的一种。当你选择的那几种方法为你带来了实际效果时，请再增加一些别的方法。你没必要(也不可能)让孩子一夜之间就变成一个无私的人，但在你将这些方法付诸实施的几周或几个月里，你会逐步看到孩子身上所发生的良好转变。

付出这么多努力值得吗？当然值得！在你继续前行之时，不妨设想一下家中的孩子毕业时的场景。你希望他如何看待自己？你希望他为世界带来什么影响？当他走向人生的下一阶段时，他将从何处获得自信与自豪感?

你的孩子很重要，但你也同样重要。对孩子而言，你比货架上的恐龙组装玩具更重要，他需要你提供一个更好的未来。在他成长的过程中，他需要你紧紧跟在身后，提供支持，他会从你的努力和对他的勉励中受益。当你把自私的瘟疫从你家清除之后，你的孩子将最终获得自由。他将有充分的自由成为自己，成为与众不同的个体。在孩子的自私心理慢慢消失的同时，他也将理所当然地获得生命所能给予他的最美好的事物，即有机会成为最好的自己。